La República romana

Un apasionante repaso al ascenso y la caída de Roma

Tabla de contenidos

Introducción

En la oscuridad de la noche, el príncipe Tarquino se arrastró por la casa, pasando silenciosamente por encima del guardaespaldas que dormía en la puerta de Lucrecia. Abrió suavemente la puerta y entró. ¡Allí! A la luz de la luna que brillaba a través de la ventana, vio a la exquisita mujer profundamente dormida. La había conocido antes, cuando era huésped de su marido, Colatino, que a menudo se enorgullecía del aspecto deslumbrante y el carácter ejemplar de su querida esposa. Una mirada y Tarquino estaba desesperado por tenerla.

Sigilosamente, se acercó a su cama y le puso la mano sobre la boca cuando Lucrecia se despertó sobresaltada.

—¡Shh! Soy yo, príncipe Tarquino. ¡Oh, hermosa Lucrecia! No he pensado en otra cosa desde la primera vez que te vi. Te quiero para mí. Cásate conmigo, y sé mi reina. ¡Gobernaremos Roma juntos!

Lucrecia luchó desesperadamente por apartar a Tarquino, pero presionando su espada contra su vientre, siseó:

—¡Ríndete! De lo contrario, te mataré a ti y a tu guardaespaldas. ¡Diré que lo encontré durmiendo contigo! ¿Qué pensará entonces tu marido de tu virtud?

Por la mañana, Lucrecia se vistió de negro y envió un mensaje a su padre y a su marido, que estaban con el ejército asediando Ardea.

—¡Venid enseguida! Traed dos testigos con vosotros.

Lucrecia contó a su marido, a su padre y a sus dos amigos lo que Tarquino le había hecho. Los hombres la consolaron y tranquilizaron, diciendo:

—Tú no consentiste, así que no tienes culpa; ¡no has pecado!

Pero la angustiada Lucrecia gritó:

—¡Dadme vuestro juramento! ¡Vengad mi violación!

Sacó una daga de debajo de la almohada y se la clavó en el corazón mientras Colatino gritaba horrorizado. Sollozando y destrozado, la estrechó contra sí, besándola y acariciándole el pelo.

¡Lucrecia! ¡Mi querida esposa! Oh, mi pobre Lucrecia.

Su padre y los otros hombres se desplomaron en el suelo, llorando. Pero entonces Bruto, uno de los testigos, se levantó de repente, sacó de un tirón la daga del pecho de Lucrecia y la sostuvo en alto, con la sangre goteando por su brazo.

—¡Por Marte y todos los dioses, derrocaré el poder del malvado clan Tarquinii! ¡Ya hemos tenido suficientes tiranos gobernándonos! No podemos tolerar esto por más tiempo. ¡Con la sangre de Lucrecia, hago mi juramento! ¿Quién está conmigo?

Cada hombre cogió la daga, jurando: «Por la sangre pura de Lucrecia, vengaremos este ultraje del hijo del rey. ¡Los dioses son nuestros testigos! ¡Expulsaremos al rey Lucio Tarquinio el Superbio, a su maldita esposa y a toda su familia! Por el fuego, la espada y todos los medios posibles, ¡erradicaremos el reinado de los reyes sobre Roma!»[1].

Así terminó la monarquía romana. Pronto sería sustituida por la República romana. Después de que los reyes tiránicos abusaran de su poder, los romanos establecieron audazmente una forma de gobierno nunca vista hasta entonces, que influiría en los nuevos gobiernos dos milenios más tarde. En su metamorfosis desde una modesta ciudad-estado, Roma conquistó y gobernó vastos territorios alrededor del Mediterráneo. Los romanos fueron maestros de la asimilación, poniendo en juego nuevos conocimientos y técnicas en su sistema político en evolución. Sin embargo, el malestar social, las crisis económicas y la inestabilidad política sacudieron la república hasta que acabó desmoronándose al cabo de cinco siglos.

Tenemos mucho que aprender del sensacional ascenso y la catastrófica caída de la República romana. Este libro dará vida a los

---

[1] Titus Livius, *The History of Rome, Vol. 1*, trans. George Baker (New York: Peter A. Mesier et al., 10). https://oll.libertyfund.org/title/baker-the-history-of-rome-vol-1.

notables hombres y mujeres que formaron la república mientras examinamos cómo se desarrollaron sus brillantes triunfos y sus asombrosos errores de juicio. ¿Cuáles fueron los pilares distintivos del naciente gobierno de la república? ¿Cómo ascendieron los romanos al poder en el centro de Italia para luego ser aplastados por los celtas? Como el ave fénix que resurge de sus cenizas, ¿cómo se recuperaron, más competentes y astutos, para enfrentarse a los elefantes de guerra de Pirro en las guerras pírricas y aplastar a Cartago en las guerras púnicas? Cuando Roma se enfrentó a Grecia, ¿qué factores condujeron a la supremacía sobre la Liga Aquea y Macedonia?

¿Y cómo se derrumbó todo? ¿Qué desigualdades sociales provocaron las guerras civiles y las tormentas internas de Roma? ¿Cómo se desarrolló la gran revuelta de los esclavos de Espartaco? ¿Por qué se desmoronó tanto el gobierno republicano que César, Pompeyo y Craso eludieron los controles y equilibrios constitucionales, formando el Primer Triunvirato? ¿Cómo manipuló Julio César los acontecimientos para convertirse en dictador vitalicio de Roma y por qué una turba de senadores lo apuñaló hasta la muerte?

Se han escrito muchos libros sobre Roma, pero esta visión general de la República romana no es una mera recopilación cronológica de datos áridos. Explora las apasionantes historias de personas reales en todo su orgullo y pasión: los previsores padres de la constitución romana, los ingeniosos líderes militares, las clases bajas privadas de sus derechos y los nefastos conspiradores. Todos ellos hicieron de Roma lo que fue durante cinco siglos de construcción imperial, intrigas y brutales enemistades.

Explorar la historia es increíblemente ventajoso, ya que nos ayuda a comprender cómo ha llegado nuestro mundo hasta donde estamos. En los últimos cinco siglos, más de cien países han abandonado monarquías o imperios para formar un gobierno inspirado en los principios fundacionales de la República romana. Comprender el pasado en toda su gloria y caótica destrucción nos inspira, nos instruye y nos previene. ¿Qué puede enseñarnos la experiencia de Roma sobre las luchas sociales, económicas y políticas de hoy? Retrocedamos veintisiete siglos y averigüémoslo.

PRIMERA PARTE:
Vida y época de los primeros tiempos de la República (500 a. C.)

Capítulo 1: La República primitiva

¿Cómo se gobernaba Roma antes de convertirse en república? Durante más de dos siglos, Roma estuvo gobernada por reyes, algunos ejemplares y otros ineptos. El último rey, Tarquinio el Soberbio, era la personificación del mal. Para comprender sus diabólicas profundidades, debemos retroceder una generación hasta Servio Tulio, el rey anterior. Tulio era hijo de una esclava y nadie sabía a ciencia cierta quién era su padre, pero corría el rumor de que era hijo ilegítimo del rey Tarquinio Prisco.

Una noche, unos asesinos se colaron en el palacio y asesinaron al rey Tarquinio. Sus hijos eran demasiado jóvenes para gobernar, y la reina Tanaquil sabía que el Senado elegiría a otro hombre para el trono. Tuvo que tomar una decisión rápida para aferrarse al poder y que uno de sus hijos tuviera la oportunidad de gobernar. Así que conspiró con Tulio.

Se apresuró a salir al balcón y llamó a la multitud reunida abajo: «¡El rey está vivo! Está gravemente herido, pero se está recuperando del ataque. Mientras tanto, ha encargado a Tulio que se ocupe de sus asuntos».

Durante varias semanas, Tulio fingió cumplir órdenes del rey mientras la guardia real perseguía a los asesinos y ejecutaba a algunos, mientras otros huían del país. Entonces, Tanaquil volvió a salir al balcón. «Mi querido pueblo, traigo tristes noticias. Mi esposo ha muerto a causa de sus heridas. Asignó a Tulio como su regente hasta que nuestros hijos tengan edad para gobernar»[2].

Tulio se convirtió en el rey de facto mientras los niños crecían, pero incluso cuando llegaron a la mayoría de edad, mantuvo el trono. Durante esos años, cultivó la popularidad entre la plebe obrera dándoles tierras. Solo los terratenientes podían votar y, por supuesto, votarían por él. Incluso puso en marcha un plan para emancipar a los esclavos y concederles la ciudadanía. Esto enfureció a los aristócratas patricios, que no querían perder a sus esclavos.

Tulio aseguró a los hijos de Tanaquil que renunciaría al trono cuando llegara el momento y dio a sus dos hijas en matrimonio a los dos príncipes. Pero el hijo mayor, Tarquino, sabía que nunca sería rey mientras viviera Tulio. Después de que su hermano menor, Arrunte, se negara a unirse a él en un golpe de estado, Tarquino conspiró airadamente con la esposa de su hermano, Tullia Minor, y envenenaron a Arrunte. Cuando la esposa de Tarquino criticó su maldad, este la envenenó y luego se casó con su hermana, Tullia Minor.

Tarquino había estado alborotando a los senadores y patricios, a quienes disgustaba el apoyo del rey a los plebeyos y esclavos oprimidos. Al enterarse de que Tarquino estaba en el Senado denunciando su reinado, el rey Tulio corrió al edificio. Pero Tarquino lo agarró por la toga y lo empujó fuera del edificio, haciéndolo caer por las escaleras. Tulio se sentó en el suelo, magullado y confuso, preguntándose por qué nadie había acudido en su ayuda. ¿Y dónde se habían metido sus guardaespaldas?

Mientras Tulio se alejaba cojeando para ser asesinado por los secuaces de Tarquino, el Senado eligió a Tarquino como nuevo rey de Roma. Al enterarse de la noticia, su esposa Tullia (hija de Tulio) corrió al Senado para felicitar a su marido, y luego saltó de nuevo a su carro. A toda velocidad por los adoquines, atropelló el cuerpo de su padre. El nuevo rey (y el último) se protegió de los asesinos manteniendo un muro de guardaespaldas a su alrededor. Eliminó a todos los senadores que podían desafiarlo, ejecutando o desterrando a la mayoría con cargos falsos y asesinando clandestinamente a otros[3].

---

[2] Cassius Dio, *Roman History*, trans. H. B. Foster (Vol. I, Loeb Classical Library edition, New York: Macmillan Publishers, 1914).
https://penelope.uchicago.edu/Thayer/E/Roman/Texts/Cassius_Dio/1*.html.

[3] Livio, *La historia de Roma, Vol. 1.*

Tullia conduciendo sobre el cadáver de su padre. Pintura de Jean Bardin
https://commons.wikimedia.org/wiki/File:Bardin_Tullia.jpg

Tarquino ni siquiera confiaba en sus amigos íntimos que habían apoyado su golpe de estado. En lugar de nombrarlos senadores, suprimió el poder del Senado. Gobernó solo con sus hijos, paranoico de que alguien más pudiera matarlo o desplazarlo. Incluso mató a miembros de su familia que consideraba una amenaza, entre ellos el hijo y el marido de su hermana. Su otro hijo, Bruto, fingió tener problemas mentales, por lo que Tarquino lo dejó en paz.

Bruto encabezó la revolución tras la violación de Lucrecia, derrocando el trono de su tío y poniendo fin a la monarquía iniciada por el niño-lobo Rómulo, mítico fundador de Roma. Una multitud se congregó mientras los hombres llevaban el cuerpo de Lucrecia al Foro. Bruto explicó que en realidad no era un discapacitado mental; era una treta para sobrevivir a las purgas del rey Tarquino. Entonces gritó: «¡Actuad como hombres y como romanos! Tomad las armas contra nuestros desvergonzados enemigos».

Una mirada al cadáver manchado de sangre de Lucrecia convenció a la mayoría de la multitud. Los senadores sabían que un cambio era necesario para su supervivencia. El rey Tarquino y sus hijos habían gobernado mediante el miedo y la coerción, y eran odiados por la mayoría de los romanos. Con la aprobación de la multitud, los senadores votaron a favor de poner fin a la monarquía, expulsar a la familia Tarquino y establecer otro tipo de gobierno. La familia real se escabulló de Roma, lejos de los furiosos ciudadanos, para conseguir el apoyo de algunas ciudades etruscas y latinas.

En 509 a. C., los ciudadanos de Roma crearon un nuevo gobierno: la república. Elegían anualmente a los magistrados, establecían asambleas que representaban al pueblo e instituían la separación de poderes. La constitución, más fuerte, exigía controles y equilibrios para mantener a raya a los políticos. La política incluía ahora conceptos novedosos como el filibusterismo, la destitución, los requisitos de quórum, las elecciones periódicas, la limitación de mandatos y el veto. La constitución era fluida, impulsada por la expansión de las fronteras de Roma y las tensiones entre los trabajadores plebeyos y los aristócratas patricios.

En lugar de un rey, la nueva república estableció dos jefes de estado llamados cónsules, que gobernaban conjuntamente durante un mandato de un año. Los dos primeros cónsules fueron Lucio Junio Bruto, cabecilla de la revolución, y Lucio Tarquinio Colatino, marido de Lucrecia. Inmediatamente nombraron nuevos senadores, con lo que el número volvió a ser de trescientos. Curiosamente, los cónsules eran miembros de la familia Tarquino, quienes se habían visto obligados a exiliarse. Bruto era sobrino del rey Tarquinio el Soberbio y nieto del rey Tarquinio Prisco. Colatino era sobrino del rey Tarquinio Prisco y primo hermano del violador de su esposa, el príncipe Tarquino.

En pocas semanas, surgió la conspiración Tarquinia: el intento del rey exiliado de recuperar su trono. Todavía tenía infiltrados entre la élite de Roma agitando la disidencia. Bruto ignoraba que sus dos hijos y los hermanos de su esposa eran los principales conspiradores. Un esclavo llamado Vindicio se encontró con una escena espantosa. Los conspiradores estaban reunidos en torno al cadáver de un hombre al que habían matado, haciendo un juramento derramando su sangre y tocando sus intestinos. Sin que nadie se diera cuenta, Vindicio se escabulló para informar a los cónsules de que los conspiradores habían jurado matarlos. Los soldados detuvieron a los rebeldes y descubrieron en su poder cartas dirigidas al rey Tarquino.

Bruto condenó a muerte a sus propios hijos por conspiración

Pintura de Heinrich Friedrich Fuger. Foto modificada: ampliada. © José Luiz Bernardes Ribeiro;
https://commons.wikimedia.org/wiki/File:Brutus_Sentences_his_Sons_to_Death_by_Heinrich_Friedrich_Fu
ger_-_Staatsgalerie_-_Stuttgart_-_Germany_2017.jpg

Bruto condenó a muerte a sus hijos, Tito y Tiberio, y presenció sombríamente su ejecución. Después de que el resto de los conspiradores fueran ejecutados, los romanos se inquietaron por Colatino; después de todo, era un Tarquino. Colatino dimitió como cónsul y se exilió. La ejecución de sus hijos por Bruto evitó su destitución[4]. Sin embargo, antes de que terminara su mandato de un año, murió en una batalla contra la antigua familia real. Él y su primo hermano, el príncipe Arrunte, se empalaron mutuamente en una carga de caballería.

El centro de la nueva república era el Foro: el centro político, religioso y social de Roma. Inicialmente un lugar de reunión rectangular al aire libre, pronto albergó elegantes arcos, basílicas, monumentos, estatuas y templos. La gente se reunía en el Foro para asuntos de negocios, juicios penales, elecciones, combates de gladiadores, reuniones públicas, ceremonias religiosas, discursos y comercio. El Senado se reunía en el Foro para debatir las leyes propuestas y votar.

---

[4] Plutarch, *The Parallel Lives.* (Volume I: Loeb Classical Library edition, 1914).
https://penelope.uchicago.edu/Thayer/e/roman/texts/plutarch/lives/home.html

Desde sus inicios, la República romana estuvo marcada por la guerra constante. Durante los primeros doscientos años, Roma luchó contra otras tribus italianas y contra los invasores celtas. Los romanos demostraron una tenacidad increíble en batallas heroicas y se recuperaron de pérdidas catastróficas. Entre los años 483 y 476 a. C., Roma se defendió de la ciudad etrusca de Veyes, a solo quince kilómetros al norte de Roma. Los etruscos se aliaron con los sabinos, una tribu de los Apeninos. Tras unirse a los cercanos latinos, sus parientes, los romanos derrotaron finalmente a veyentes y sabinos, obligándolos a pagar tributo.

En el 458 a. C., otra tribu de los Apeninos, los aqueos, atacó Roma mientras se enfrentaba a una revuelta de esclavos, a la muerte de un cónsul y a las fricciones entre plebeyos y patricios. Roma derrotó a los aqueos, pero al año siguiente volvieron a aparecer, para gran disgusto de los romanos. En un momento de gran peligro, la constitución romana permitía a los romanos nombrar a un dictador temporal para hacer frente a la crisis, y eligieron a Cincinato. El brillante líder derrotó a los aqueos en dieciséis días prácticamente sin derramamiento de sangre. Después renunció a su dictadura y regresó a su granja.

De repente, un nuevo enemigo irrumpió en escena: los celtas de la Galia oriental (Francia). Los senones galos habían cruzado los Alpes, causando estragos en el norte de Italia y estableciéndose en Mediolanum (la actual Milán). Al enterarse de la riqueza agrícola del centro de Italia, que producía aceitunas, higos y uvas para vinos finos, los senones enviaron a sus guerreros a invadir la ciudad etrusca de Clusio. Cuando los etruscos pidieron ayuda a Roma, los romanos enviaron tres embajadores, que informaron a los celtas de que, si atacaban Clusio, tendrían que luchar contra Roma.

El tenso enfrentamiento terminó en una pelea, y uno de los embajadores mató a un jefe de guerra senón, una grave violación de la antigua ley compartida por las naciones. Roma no estaba preparada para las consecuencias. A la velocidad del rayo, los senones, liderados por su jefe Breno, salieron a enfrentarse a Roma. Los romanos reunieron rápidamente a su ejército y se enfrentaron a los senones en el río Tíber, varios kilómetros al norte de Roma.

En la batalla del Alia, en el año 390 a. C., el jefe senón Breno atravesó la línea media de los romanos y partió su ejército en dos. Aterrorizado, el flanco izquierdo de Roma se zambulló en el río, donde muchos se ahogaron, arrastrados por sus armaduras en la rápida corriente. Los que lograron nadar hasta la otra orilla escaparon a Veyes. Mientras tanto, el flanco derecho huyó desesperadamente hacia Roma; más de la mitad del ejército romano cayó en combate o se ahogó aquel día.

Los senones no podían creer que hubieran derrotado tan fácilmente a Roma. Se dedicaron a saquear el campamento romano durante dos días y llegaron a Roma al atardecer. Curiosamente, las puertas de la ciudad estaban abiertas y nadie parecía defenderla. ¿Era una trampa? Los celtas decidieron esperar hasta la mañana, pues no querían caer en una emboscada nocturna. De hecho, las puertas no estaban defendidas. La mayoría de los romanos habían huido a las colinas. El ejército y los dirigentes de la ciudad habían cercado la empinada colina Capitolina en el interior de Roma y se habían atrincherado en la cima. Algunos sacerdotes ancianos y antiguos cónsules se vistieron con sus mejores ropas y se sentaron en sus sillas de marfil en el Foro.

Por la mañana, los celtas entraron vacilantes en Roma, esperando un ataque en cualquier momento. Pero nadie los desafió. Era una ciudad fantasma. Se dirigieron al Foro y encontraron a los ancianos estoicamente sentados en majestuoso esplendor. ¿Eran dioses? Un celta alargó la mano para tocar la barba de un anciano patricio y recibió un golpe en la cabeza con el bastón del anciano. Eran hombres. Los invasores derribaron a los ancianos y a todos los que se atrevieron a quedarse en la ciudad, pero los hombres que estaban detrás de las barricadas en la empinada colina del Capitolio consiguieron contenerlos.

La muerte del cónsul Papirio por Philipp Friedrich Hetsch

El resto de Roma quedó a merced de los celtas, que saquearon e incendiaron la ciudad durante los siete meses siguientes, destruyendo reliquias y documentos de la historia antigua de Roma. Los militares de la colina Capitolina habían almacenado alimentos, pero los senones se dedicaron a saquear las granjas y aldeas de los alrededores. El que fuera dictador romano Camilo, exiliado por sus enemigos políticos, vivía en la ciudad de Ardea. Él y los hombres de Ardea observaron que los celtas se emborrachaban por la noche, así que lanzaron una incursión nocturna, aniquilando al grupo de asaltantes. Esta victoria motivó a los soldados romanos de Veyes a pedir a Camilo que los guiara en la reconquista de Roma.

Camilo aceptó, pero insistió en que los dirigentes romanos debían anular su exilio y respaldar oficialmente su nueva dictadura. Para ello, alguien tenía que comunicarse con los dirigentes romanos acantonados en el Capitolio. Un joven conocía un camino secreto que subía a la colina, así que se coló en Roma por la noche, trepando por la empinada ladera. Se reunió con los senadores, que nombraron dictador a Camilo. Camilo reunió un ejército de doce mil hombres, incluidos aliados etruscos. En ese momento, los hombres de la colina Capitolina se morían de hambre. ¿Cuánto tiempo pasaría antes de que la fuerza de Camilo pudiera rescatarlos?[5].

Los celtas también sufrían disentería en una ciudad que apestaba a cadáveres putrefactos sin enterrar bajo el calor del verano. Los senones eran montañeses sin inmunidad adquirida a la malaria, lo que devastó su población. El jefe Breno se reunió con el tribuno romano Sulpicio para mediar en el fin del asedio. Los celtas aceptaron abandonar Roma a cambio de mil libras de oro. Pero los romanos consideraron que la balanza era defectuosa. Mientras los senones y los romanos discutían la integridad de la balanza, Camilo entró de repente con sus doce mil soldados. Apuntando con su espada a los celtas, gruñó: «¡Marchaos, senones! El hierro salvará a Roma, no el oro»[6].

Los senones solo se retiraron a ocho millas de Roma, lo que resultó fatal. Camilo atacó al día siguiente, aniquilando a todo el ejército celta. Roma pasó los siguientes cincuenta años reconstruyendo la ciudad y consolidando su autoridad sobre las tribus del centro y sur de Italia. En 295 a. C., Roma dominaba todo el centro de Italia y la mayor parte del

---

[5] Livio, *Historia de Roma, Vol. 3.*

[6] Plutarco, *Vidas paralelas, vol. 2.*

sur de la península. Ahora era el momento de conquistar el Mediterráneo.

En la guerra pírrica, que duró del 280 al 275 a. C., el Epiro «ayudó» a las ciudades-estado griegas del sur de Italia en su lucha contra Roma. Sicilia, Cartago y las tribus samnitas y etruscas de Italia participaron en batallas que acabaron por someter el sur de Italia al dominio romano. Roma y Cartago se enfrentaron en las legendarias guerras púnicas, que duraron del 264 al 146 a. C., mientras Roma luchaba simultáneamente contra el Reino de Macedonia, la Liga Aquea de Corinto y el Imperio seléucida.

La guerra más letal de Roma fue el conflicto tóxico entre los plebeyos de clase trabajadora y los patricios aristocráticos. Los plebeyos perdieron sus tierras de cultivo ancestrales en favor de las enormes plantaciones de esclavos propiedad de los patricios, que se enriquecieron fabulosamente mientras los plebeyos se endeudaban cada vez más. Un grupo de esclavos prisioneros de guerra lideró una revuelta y reunió un ejército de miles de soldados. Lograron contener a las fuerzas romanas en el monte Vesubio.

El malestar interno de Roma condujo al Primer Triunvirato, liderado por Craso, el hombre más rico de Roma, y dos brillantes héroes de guerra: Pompeyo y César. Este cambio de liderazgo supuso el principio del fin de la República romana. Abrió la puerta al Imperio romano, que sería dirigido por emperadores en lugar de cónsules. A lo largo de los cinco siglos de república, los romanos tuvieron que adaptarse a varios retos. Pasaron de ser una ciudad-estado a una república que abarcaba tres continentes, desde Oriente Próximo hasta Gran Bretaña y desde el sur hasta el norte de África.

Pero, ¿cómo se gobernarían los territorios conquistados? La élite romana tuvo que enfrentarse a la plebe, que exigía una representación igualitaria en el gobierno, y a la cuestión de la liberación de los esclavos. En cuanto se resolvía un problema, surgía otro. Sin embargo, capearon las crisis durante cinco siglos, al tiempo que conquistaban cerca de dos millones de kilómetros cuadrados de territorio y extendían su lengua, cultura y sistema político por todo el mundo conocido.

Capítulo 2: Política e influencia política

¿Cómo era el nuevo gobierno de la República romana? Su título oficial era *Senatus Populusque Romanus*: el Senado y el Pueblo de Roma. Tras darse cuenta de que el gobierno de la realeza hereditaria estaba plagado de problemas, los romanos establecieron un gobierno que perduró hasta el año 27 a. C., cuando los emperadores empezaron a gobernar Roma. Hasta ese momento, la mayoría de las naciones eran monarquías, excepto Grecia, donde Atenas estaba desarrollando una democracia. La república era un sistema completamente nuevo. No tenía rey, pero tampoco era exactamente una democracia, sobre todo al principio. La democracia ateniense era un gobierno en el que todas las clases tenían voto, mientras que la élite patricia ostentaba inicialmente el poder en la República romana.

Cuando Roma era una ciudad-estado, su sistema jurídico solo se aplicaba a los ciudadanos romanos: descendientes varones de las tribus fundadoras de Roma. Cuando empezó a conquistar regiones vecinas, los tribunales de los nuevos territorios decidían los litigios basándose en sus propias leyes. Sin embargo, a medida que Roma se expandía y conquistaba otras naciones, utilizaba el *jus gentium* o «derecho de gentes» para los no romanos que vivían en el nuevo territorio romano. Se trataba de leyes «naturales» básicas y tradiciones jurídicas que la mayoría de las naciones de la época consideraban universales.

En cuanto a la propia Roma, la república comenzó con leyes no escritas basadas en costumbres y precedentes. Las XII Tablas, que se erigían en el Foro, fueron la primera legislación escrita de Roma, aprobadas en 450 a. C. para proporcionar un código estándar a todos los ciudadanos. Antes de esto, la clase trabajadora plebeya a menudo no tenía ni idea de cuáles eran las leyes, lo que la hacía vulnerable a los abusos de la clase alta patricia. Las XII Tablas consolidaron leyes anteriores no escritas sobre procedimientos legales, derecho de familia, derecho de propiedad, derecho de daños personales y derecho sagrado.

La constitución romana era una obra en proceso. Sus primeras normas no estaban escritas, como las leyes relativas a las elecciones, las asambleas y las funciones del Senado. Más tarde, la nueva legislación, inscrita en bronce, se colocaba a la altura de los ojos en lugares públicos donde todos podían leerla. Por supuesto, no todo el mundo sabía leer, pero estaban disponibles para que las personas alfabetizadas pudieran explicarlas a las masas. El Senado promulgaba nuevos decretos recomendando una serie de medidas que los magistrados debían aplicar[7]. Una innovación de los romanos fue el poder de *intercessio* o veto. Un cónsul podía vetar las acciones de su cocónsul, y los tribunos podían proteger a los plebeyos vetando los decretos senatoriales.

Cada año, dos hombres eran elegidos cónsules. En Roma, los cónsules eran los principales administradores de todos los aspectos de la vida, y todos los demás líderes estaban subordinados a ellos, excepto los tribunos. Decidían qué asuntos debía tratar el Senado y hacían cumplir sus mandatos. También eran los comandantes en jefe del ejército[8]. Roma tenía a menudo dos fuerzas luchando en frentes diferentes, por lo que los cónsules se dividían. Por ejemplo, uno luchaba en Grecia y el otro en Cartago.

¿Por qué dos comandantes en jefe? Algunas ciudades-estado ya tenían dos reyes, como en Esparta, donde uno dirigía el ámbito militar y el otro el político. Pero los reyes solían ser vitalicios, mientras que los cónsules romanos duraban un año. Para los romanos, era una cuestión de controles y equilibrios; si un cónsul tomaba decisiones estúpidas, el otro podía vetarlo. Si un cónsul abusaba de sus poderes, era procesado al final de su mandato. Un cónsul dirigía la Asamblea Centuriada, que

---

[7] Andrew Lintott, *The Constitution of the Roman Republic* (Oxford: Oxford University Press, 2003), 1-4.

[8] Lintott, *The Constitution*, 17.

estaba compuesta por centurias militares (cien soldados); se contaba el voto colectivo de cada centuria en lugar de los votos individuales. El otro cónsul dirigía la Asamblea de las Tribus, una asamblea no militar en la que cada «tribu» representaba una división geográfica.

La monarquía romana contaba con senadores cuya función principal era elegir a los reyes y asesorarlos. El papel de los senadores cambió en la República romana. En su lugar, daban «recomendaciones» a los magistrados, que esencialmente las consideraban nuevas leyes. En la monarquía, el Senado se había centrado en los asuntos internos; en la república, los senadores se concentraron en la política exterior de todas las nuevas regiones que Roma estaba conquistando. Controlaban el presupuesto, lo que les daba poder sobre el ejército. El poder senatorial sobre todos los aspectos de la República romana creció con el tiempo.

A principios de la república, los cónsules nombraban a los senadores de la élite patricia. Al cabo de unos dos siglos, los nuevos senadores eran nombrados de por vida de entre un grupo de magistrados, que incluía a plebeyos y esclavos liberados. La república comenzó con cien senadores, pero llegó a tener trescientos en el año 312 a. C. A algunos cónsules les gustaba «llenar» el Senado de personas que probablemente los apoyaran, por lo que al final de la República romana, el número de senadores llegó a mil.

Si Roma se veía envuelta en una crisis, el Senado podía recomendar un dictador temporal. Uno de los cónsules lo proponía a la *Comitia Curiata* (Asamblea del Curato) para su aprobación. El dictador solo ocupaba el cargo durante la crisis, que podía durar de varias semanas a varios meses. Tras los tres primeros siglos de la república, el poder de los plebeyos sobre el cargo de dictador lo debilitó drásticamente.

Censores y pretores servían a las órdenes de los cónsules. Los censores administraban el censo y «censuraban» lo que consideraban inmoralidad pública o falta a la ética. Tenían el poder de despojar a una persona de la ciudadanía si cometía acciones indignas[9]. Los pretores desempeñaban una doble función como generales del ejército y jueces. Cuando las fronteras de Roma se extendían fuera de Italia, los pretores se convertían en gobernadores de las provincias. Si ambos cónsules estaban en guerra, el *praetor urbanus* dirigía Roma.

---

[9] Livio, *Historia de Roma, vol. 4.*

Vivir en Roma no convertía automáticamente a una persona en ciudadano. Solo los varones no esclavizados mayores de dieciséis años y descendientes de las tribus originales de Roma podían ser ciudadanos de pleno derecho. Las mujeres podían tener una ciudadanía limitada a través de sus padres o maridos, pero no podían votar, ocupar cargos políticos ni asistir a asambleas. Para alardear de su estatus, los ciudadanos vestían togas blancas, símbolo de plenos derechos legales, incluido el de voto. Los ciudadanos pertenecían a la Asamblea Curial (*Comitia Curiata*), donde votaban en asuntos legislativos. La Asamblea Curial se dividió posteriormente en la Asamblea de las Tribus y la Asamblea Centuriada. Una tercera asamblea, la Asamblea Plebeya, se añadió en 494 a. C. para representar a la clase trabajadora.

Otras dos funciones políticas eran los tribunos y los magistrados. Con hasta diez tribunos elegidos, el *tribunus plebis* dirigía la Asamblea Plebeya en representación de la clase trabajadora. Proponían leyes para su votación por la asamblea y vetaban la legislación senatorial que favorecía a los aristócratas en detrimento del pueblo llano. Los tribunos militares tenían un alto rango en el ejército y servían al menos cinco años. Cada legión, que constaba de unos cinco mil hombres, tenía dos comandantes que servían en una rotación de seis tribunos. Los *tribuni aerarii* administraban el tesoro y la recaudación de impuestos. Los *tribuni militum consulari potestate* (tribunos militares con autoridad consular) sustituyeron ocasionalmente a los cónsules en los primeros tiempos de la república. Un plebeyo podía ser tribuno militar con autoridad consular, pero no cónsul.

Los magistrados tenían autoridad sobre una zona geográfica específica o una función concreta. Los patricios, y eventualmente los plebeyos, los elegían por mandatos de un año. Una vez transcurrido el año, no podían presentarse a las elecciones durante otra década. Los dos principales magistrados eran los cónsules, y si los tiempos requerían un dictador, este sería un magistrado. Otros magistrados ejercían de jefes militares, censores, pretores y tribunos.

En la cúspide de la sociedad y la política romanas se encontraban los patricios: ciudadanos ricos y aristocráticos de cincuenta familias principales (*gens*) con grandes haciendas. Entre las familias antiguas más destacadas estaban los Cornelii, Claudii, Fabii, Valerii y Aemilii. La mayoría de la población se situaba en la clase media y formaba la clase trabajadora plebeya. En la base de la sociedad se encontraban los esclavos, prisioneros de guerra o esclavizados por deudas. La población esclavizada representaba hasta el 20% de la población de Roma y carecía prácticamente de derechos.

Al principio, los patricios tenían un poder casi absoluto sobre el gobierno, los asuntos religiosos y el ejército. Actuaban como mecenas de los «clientes», normalmente plebeyos y esclavos libertos (libertos) considerados parte de la *gens* ampliada (clan familiar). Los patronos negociaban matrimonios y proporcionaban alimentos, asistencia jurídica, protección, prestamos financieros y ayuda en las transacciones comerciales. Los clientes recibían a su patrón al amanecer con sus necesidades y, tras atenderlos, el patrón se dirigía al Foro acompañado de sus clientes. Cuantos más clientes tenía, mayor era su prestigio.

Los plebeyos (*plebes*) eran la clase trabajadora. Eran los panaderos, constructores, artesanos, agricultores y propietarios de pequeños negocios, por nombrar algunos. Al principio de la república, su influencia política era mínima, pero eso cambió rápidamente cuando se dieron cuenta de que los patricios dependían de ellos para cubrir sus necesidades básicas. En el conflicto de los órdenes —la lucha de los plebeyos contra la discriminación patricia— ejercieron la *secessio plebis*: «retirada plebeya» o ir a la huelga. Abandonaron sus tiendas, granjas e incluso el ejército durante un breve periodo de tiempo. Los patricios tuvieron que valerse por sí mismos. La huelga les recordó lo mucho que dependían de los plebeyos y los obligó a escuchar sus quejas.

Los soldados plebeyos se negaron a luchar debido a las injusticias. Artista: B. Barloccini
https://commons.wikimedia.org/wiki/File:Secessio_plebis,JPG

Una de las injusticias que encabezaban la lista de los plebeyos era que los senadores no informaban a los plebeyos de las nuevas leyes, por lo que los magistrados los arrestaban por infringirlas. Los plebeyos eran multados o encarcelados por leyes que ni siquiera sabían que existían. Otro agravio para los plebeyos fue perder las tierras en las que habían sido arrendatarios, ya que los terratenientes aristocráticos empezaron a utilizar más mano de obra esclava debido a todos los prisioneros de guerra.

Lo único que podían hacer los plebeyos era dirigirse a las ciudades e intentar encontrar trabajo. Soportaban palizas y encarcelamientos si no podían pagar sus deudas. Poco a poco, los plebeyos empezaron a ganar influencia política con sus huelgas. En 494 a. C., los soldados plebeyos se declararon en huelga cuando Roma se enfrentó a los aqueos, sabinos y volscos. Su negativa a luchar contra el enemigo les valió el Consejo Plebeyo, el tribuno plebeyo y el derecho a votar a sus funcionarios.

Después de que Roma conquistara la tribu de los hérnicos al sur de Roma en 486 a. C., el cónsul Espurio Casio Viscelino propuso dar un tercio de las tierras de los hérnicos a los plebeyos. Otro tercio iría a sus aliados latinos que habían ayudado a ganar la guerra, y los hérnicos conservarían un tercio de sus granjas. Los patricios odiaban esta idea porque no obtendrían ninguna tierra. Veían a Casio como un traidor. Fue juzgado por traición y ejecutado al final de su mandato de un año.

Cuando los galos senones saquearon Roma, los plebeyos sufrieron pérdidas devastadoras en sus tiendas y granjas. Los militares también sufrieron, ya que los hombres no recibían remuneración por sus servicios y no tenían ingresos de sus tiendas, granjas u oficios destruidos. Marco Manlio Capitolino, antiguo cónsul y héroe de guerra, vio a un centurión conocido suyo que había defendido Roma. El centurión estaba ahora sumido en la pobreza, incapaz de pagar sus deudas. Cuando Manlio vio que lo llevaban a prisión, pagó su deuda en el acto.

Después de esta experiencia, Manlio fue cada vez más consciente de la aplastante deuda que se cernía sobre la mayoría de los plebeyos e hizo lo que pudo para ayudarlos. Vendió sus tierras para pagar las deudas y abogó en su nombre contra el Senado, que malversaba fondos que podrían aliviar el sufrimiento de los plebeyos. Sus esfuerzos por influir en el Senado no salieron bien; los patricios lo empujaron desde la Roca Tarpeya, de 25 metros de altura, y lo mataron.

Sin embargo, Camilo, que antes había aniquilado a los senones, fue nombrado dictador de nuevo para luchar contra otro ataque celta. Sorprendentemente, acudió en ayuda de los plebeyos tras haberse puesto inicialmente del lado de los patricios. Los plebeyos exigieron que uno de los cónsules fuera plebeyo, y Camilo negoció un acuerdo con el Senado. Construyó el Templo de la Concordia junto al Foro para celebrar el nuevo gobierno conjunto de plebeyos y patricios.

Pronto, los plebeyos empezaron a ocupar los cargos de censor y dictador, pero a medida que progresaban en su estatus político, algunos se convirtieron en nuevos escaladores sociales. Las nuevas élites estaban entusiasmadas con su ascenso a la cima mientras ignoraban las necesidades de los trabajadores pobres. Sin embargo, los hermanos Tiberio y Cayo Graco, ambos tribunos plebeyos, defendieron la reforma social, pero pagaron un precio amargo.

Los hermanos Graco abogaron por la redistribución de la tierra
https://commons.wikimedia.org/wiki/File:Eugene_Guillaume_-_the_Gracchi.jpg

A medida que Roma conquistaba nuevos territorios, los patricios aristocráticos acaparaban la mayor parte de las tierras de labranza recién adquiridas. Tras la elección de Tiberio en 133 a. C., este propuso que la propiedad máxima que una persona podía tener fuera de unas 130 hectáreas. El resto de la tierra se redistribuiría entre los veteranos de guerra y los pobres sin hogar en parcelas de unas ocho hectáreas. Los senadores odiaban la idea porque tendrían que renunciar a muchas tierras, que eran su fuente de riqueza.

El mandato de Tiberio llegaba a su fin y el asunto seguía sin resolverse, por lo que se presentó a la reelección. Pero presentarse a un mandato consecutivo iba en contra de los precedentes. Sus enemigos políticos lo acusaron de aspirar a ser un tirano (un gobernante absoluto que accede al poder fuera de los cauces habituales). El día de las elecciones, los senadores y otros patricios encabezaron una turba que rodeó a Tiberio y a trescientos partidarios, golpeándolos hasta la muerte con sillas de madera y garrotes.

El hermano de Tiberio, Cayo, fue elegido tribuno diez años después. Apoyó la reforma de redistribución de tierras de su hermano e insistió en que el gobierno financiara armaduras y armas básicas para los soldados. Muchos ciudadanos pobres fueron reclutados por el ejército, pero se endeudaron para pagar su equipo. Sus oponentes políticos provocaron una revuelta y uno de los revoltosos murió en la refriega, lo que llevó al Senado a declarar a Cayo enemigo del estado sin un juicio con jurado. Cayo se suicidó antes de ser ejecutado, pero el Senado reunió a tres mil de sus partidarios y los ejecutó.

El tribuno plebeyo Druso continuó luchando por la redistribución de la tierra y para que todos los habitantes de Italia se convirtieran en ciudadanos. Su asesinato desencadenó la guerra Social (91-87 a. C.), ya que las tribus italianas se rebelaron exigiendo el derecho a votar en las elecciones de Roma y a ser protegidas por la ley romana. El Senado nombró a Cayo Mario, tribuno plebeyo y tío de Julio César, para someter a los rebeldes. A medida que la guerra se prolongaba, Mario mató o capturó a trece mil rebeldes, pero luego enfermó y tuvo que poner fin a la campaña. A pesar de ganar técnicamente la brutal guerra, Roma concedió finalmente los derechos de ciudadanía y el derecho al voto a todos los varones libres de Italia continental.

Capítulo 3: Roles sociales y cultura

Es apasionante leer sobre las extraordinarias conquistas militares de Roma, así como sobre sus intrigas políticas, pero ¿qué hay de la vida de la gente corriente? ¿Cómo vivían? ¿Qué tipo de trabajos desempeñaban? ¿Qué comían y en qué condiciones vivían? ¿Cuáles eran sus roles de género y sus expectativas? ¿Y cómo influyó la esclavitud en la sociedad romana? Exploremos...

¿Qué tipo de vivienda tenían los romanos? Dependía de la posición económica de la familia. Alrededor del 80% de la población urbana vivía en pequeños apartamentos en edificios conocidos como *insulae*. Estas viviendas multifamiliares podían albergar hasta cincuenta personas y tenían de tres a cinco pisos de altura. Algunas eran más altas, pero después de que incendios y terremotos acabaran con la vida de muchos ciudadanos, las leyes limitaron la altura de los nuevos edificios.

La primera planta solía tener tiendas, y las plantas superiores albergaban apartamentos de dos habitaciones para familias, aunque algunas *insulae* tenían apartamentos más grandes en las plantas inferiores. Las *insulae* rodeaban una manzana, con una hilera de casas adosadas conectadas a lo largo de la calle y un patio central en medio. La mayoría de las *insulae* estaban construidas con materiales de mala calidad, como madera y adobe, lo que las hacía vulnerables a incendios y derrumbes.

Esta ínsula del siglo III a. C. se encuentra al oeste de Roma, en Ostia
https://commons.wikimedia.org/wiki/File:OstianInsulae.JPG

Los aristócratas ricos solían tener dos viviendas: una *domus* unifamiliar en la ciudad y una gran villa privada en las afueras o en el campo. La *domus* tenía una entrada exquisitamente decorada que conducía al atrio, un gran salón donde los anfitriones recibían a sus invitados. Una gran abertura rectangular en el techo del atrio dejaba entrar la luz del sol, y justo debajo había un estanque poco profundo que recogía el agua de lluvia con tuberías que conducían a una cisterna subterránea. La familia dejaba ofrendas a los dioses de la casa y a sus espíritus ancestrales en un santuario doméstico situado en el atrio.

Las habitaciones que salían del atrio incluían el *tablinum* o despacho del amo, donde los hombres recibían las peticiones de sus clientes y llevaban a cabo sus negocios. El comedor estaba espectacularmente decorado, con murales en las paredes y mosaicos de azulejos en el suelo para deslumbrar a los invitados a las cenas. En lugar de sillas, el comedor tenía varios sofás, donde la familia y los invitados se reclinaban para comer en pequeñas mesas. En la parte trasera de la casa solía haber un jardín.

Las villas de las familias de clase alta no tenían el ruido, los olores ofensivos y la delincuencia de la ciudad y eran un agradable refugio de fin de semana. A menudo, era aquí donde la esposa y los hijos pasaban la mayor parte del tiempo, ya que era cómodo y ofrecía más espacio para que los niños jugaran. Al igual que las *domus*, solían tener un atrio o patio central al aire libre rodeado de salas de estar, dormitorios y dependencias para la servidumbre.

Exquisitos frescos como este de Pompeya decoraban las villas romanas
https://commons.wikimedia.org/wiki/File:Roman_fresco_Villa_dei_Misteri_Pompeii_001.jpg

Cerca de la época en que se estableció la República romana, los etruscos construyeron las primeras cloacas de Roma. La Cloaca Máxima, que sigue funcionando hoy en día, era un canal abierto que drenaba las zonas pantanosas, reduciendo los mosquitos causantes de la malaria. Posteriormente se cubrió y se utilizó para drenar el agua de lluvia de las calles y las aguas residuales de las letrinas públicas hacia el río Tíber[10]. Las *insulae* tenían agua corriente en los pisos inferiores, pero no retretes interiores. Todo el mundo tenía que utilizar una letrina pública o los orinales.

La vida cotidiana en la República romana dependía de la clase social y del nivel de riqueza. La población de Roma no era solo romana. Nunca fue solo romana, ni siquiera en sus inicios mitológicos. Cuando

---

[10] Emily Gowers, "The Anatomy of Rome from Capitol to Cloaca", *The Journal of Roman Studies* Vol.85 (1995): 23-32.

Rómulo fundó Roma, no había suficientes mujeres para todos los hombres, así que raptaron a jóvenes de la tribu de los sabinos para casarse con ellas. Más atrás en el tiempo, los antepasados de Rómulo eran refugiados de Troya que se casaron con la tribu latina. Las familias fundadoras de Roma eran una mezcla de varias etnias.

Roma era una mezcla cosmopolita de tribus italianas y comerciantes de todo el Mediterráneo: egipcios y cartagineses del norte de África, sirios y judíos del Levante, y griegos marineros. A medida que la república conquistaba y se expandía, Roma atrajo a personas de las actuales España, Francia y Gran Bretaña. Los militares y comerciantes romanos viajaban y vivían en tres continentes. Esto significaba que muchos romanos eran políglotas y adoptaron algunos de los alimentos, vestimentas y costumbres de otras partes del mundo.

A pesar de toda su grandeza, las calles de Roma podían ser desagradables. Antes de que se generalizara el uso de la fontanería, los orinales y los excrementos se vaciaban desde las ventanas y los balcones a la calle, dejando un suelo maloliente, resbaladizo y antihigiénico que los peatones debían atravesar con cautela. En Roma abundaba la delincuencia, sobre todo nocturna. Y su población, de al menos un millón de habitantes, era ruidosa.

¿De qué tipo de asistencia médica se disponía en una ciudad abarrotada, insalubre y amenazada por la malaria? El arte funerario muestra a una mujer dando a luz en una singular silla reclinable con una abertura en el asiento para que pase el recién nacido. Los artefactos muestran que los médicos romanos tenían fórceps de acero, sondas, escalpelos y retractores de heridas. La mayoría de los médicos de Roma eran griegos y creían que el dios Apolo y otras deidades griegas tenían poderes curativos. Cuando una plaga arrasó Italia en el año 431 a. C., se construyó un templo a Apolo Medicus en Roma. Los romanos que no recurrían a médicos griegos dependían del cabeza de familia para dispensar la medicina tradicional.

¿Qué comían los romanos? Dependía de su nivel económico, pero la mayoría de los romanos hacían tres comidas diarias. Los antiguos murales dan una idea de lo que se servía en las casas de la clase alta, y los arqueólogos han examinado antiguos almacenes de alimentos, montones de basura y heces humanas en busca de más pistas. Los pilares de las clases bajas eran las legumbres secas y las gachas de mijo. Todas las clases disfrutaban de salsas de pescado fermentado hechas con vísceras de pescado saladas y secas.

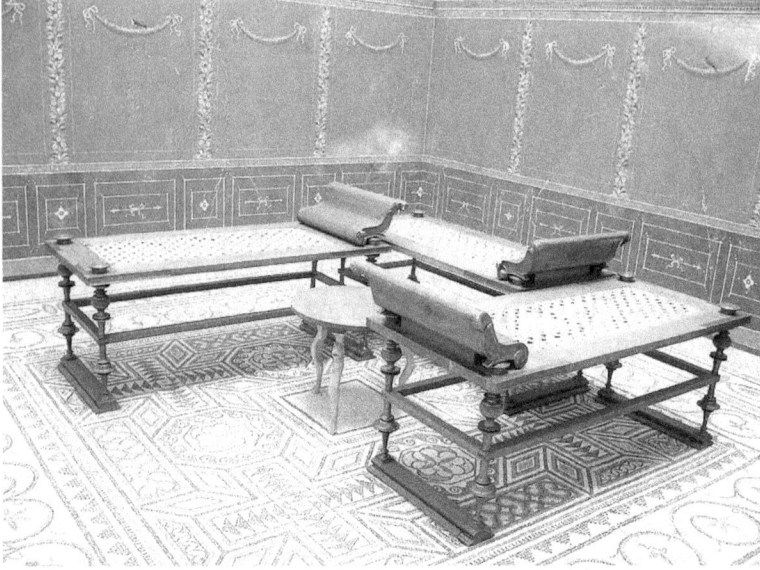

El *triclinium* (comedor) de las casas de la élite romana contaba con sofás y mesas pequeñas
https://commons.wikimedia.org/wiki/File:Triclinium_-
Arch%C3%A4ologische_Staatssammlung_M%C3%Bcnchen.JPG

Los romanos de clase alta seguían una dieta similar a la dieta mediterránea actual, con pescado, marisco, queso, huevos, pollos, faisanes y otras aves como fuente de proteínas. Comían legumbres, pan y una gran variedad de verduras y frutas, como manzanas, judías, uvas, cebollas, peras y aceitunas. Apreciaban la col como fuente de buena salud. No tenían tomates, ya que eran originarios de Sudamérica y no se introdujeron hasta mucho más tarde. Sin hornos en casa, compraban el pan en las panaderías.

Roma se estableció como una comunidad agrícola, donde la mayoría de los hombres desempeñaban la doble función de agricultores y soldados. En la época de la República romana, estas seguían siendo las dos ocupaciones principales. También había carreras más especializadas, en las que trabajaban principalmente plebeyos, como contables, arquitectos, artistas, banqueros, trabajadores de la construcción, artesanos, médicos, ingenieros, animadores, pescadores, funcionarios del gobierno, joyeros, comerciantes, tenderos, marineros, maestros, recaudadores de impuestos y herreros.

La tradición romana sostenía que los senadores debían ser agricultores que ocasionalmente servían al Estado. Los senadores que dirigían legiones militares se convertían a menudo en gobernadores de las nuevas provincias que incorporaban a la república. Los cambios gubernamentales de la república obligaban a los senadores a dedicar más tiempo a tareas administrativas y a tomar decisiones financieras y militares, así como a organizar misiones diplomáticas. Los senadores seguían siendo propietarios de sus granjas; de hecho, a medida que Roma conquistaba nuevas tierras, los senadores y otros patricios adquirían enormes plantaciones. Pero normalmente contaban con un administrador de tierras y decenas o centenares de esclavos que trabajaban los campos.

Al principio de la República romana, todos los senadores pertenecían a la clase patricia y consideraban que el trabajo en el comercio era algo anticlasista, solo apto para la plebe. Además, dedicarse a los negocios podía suponer un conflicto de intereses en la política. Incluso había leyes que restringían la participación de los senadores en el comercio; por ejemplo, no podían poseer un barco mercante[11]. Pero los senadores encontraron formas de eludir la ley, convirtiéndose en socios silenciosos e inversores en empresas comerciales, ya que no estaban dispuestos a dejar que los plebeyos cosecharan todas las enormes riquezas disponibles en el comercio. Una vez que los plebeyos entraron a formar parte del Senado, las líneas de clase empezaron a difuminarse.

Un gran problema durante la República fue el desempleo, debido principalmente a que los antiguos arrendatarios fueron desplazados por la mano de obra esclava de las plantaciones. Hacia el final de la república, más de 300.000 personas habían gravitado hacia Roma con la esperanza de encontrar trabajo, en vano. En ocasiones, Roma enviaba a estos campesinos y otros trabajadores desempleados a las nuevas colonias que establecía alrededor del Mediterráneo.

Los libertos (esclavos liberados) competían con estos campesinos desplazados; a veces tenían conocimientos más avanzados, dependiendo de su ocupación o educación previas antes de ser esclavizados. También contaban con el patrocinio de sus antiguos dueños, lo que podía abrirles las puertas de las oportunidades[12]. Los libertos solían trabajar como

---

[11] Lionel Casson, *Everyday Life in Ancient Rome*, (Baltimore: Johns Hopkins University Press, 1998), 48-56.

[12] Cory R DiBacco, "The Position of Freedmen in Roman Society", *MAD-RUSH Undergraduate Research Conference*, (Spring 2017), JMU Scholarly Commons. https://commons.lib.jmu.edu/cgi/viewcontent.cgi?article=1069&context=madrush.

panaderos, carpinteros y en el comercio de pescado, mientras que sus esposas ejercían de comadronas, peluqueras o costureras.

¿Qué papeles desempeñaban los hombres y las mujeres en la República romana? Roma estaba claramente dominada por los hombres. El marido y/o el padre era el dueño indiscutibles del hogar. Los maridos tenían abiertamente amantes, visitaban prostitutas y mantenían relaciones sexuales con chicos adolescentes que solían ser esclavos o esclavos liberados. Las relaciones entre hombres del mismo sexo eran socialmente aceptables siempre que el hombre mayor fuera la pareja dominante con un varón de estatus social inferior.

El papel principal de la mujer era cuidar del hogar y criar a los hijos. Se esperaba que fuera virgen antes del matrimonio y casta después. Los padres concertaban los matrimonios de sus hijas, y una mujer podía usar el apellido de su marido o el de su padre después de casarse.

Las niñas de clase alta iban a la escuela, pero no tanto como los niños. Sabían leer y escribir, y tenían conocimientos de literatura y filosofía. Las niñas de familias pobres no iban a la escuela, aunque sus hermanos sí podían hacerlo. Las mujeres plebeyas salían en público mucho más que las aristocráticas porque muchas tenían trabajo. Podían ser tenderas, peluqueras, comadronas y artesanas.

Si una mujer tenía asuntos legales o financieros que necesitaban atención, incluso con propiedades heredadas, normalmente tenía que hacer que un pariente masculino se ocupara de ello. Sin embargo, las viudas tenían más libertad para gestionar sus asuntos comerciales. Según el derecho romano, los bienes de una mujer no podían mezclarse con los de su marido y, si se divorciaban, los recuperaba. Desgraciadamente, no obtenía la custodia de sus hijos si se divorciaba.

La esclavitud en Roma y sus territorios experimentó un crecimiento exponencial durante la época republicana, a medida que Roma conquistaba territorios masivos y traía de vuelta prisioneros de guerra esclavizados. Los esclavizados en Roma procedían de muchas razas; algunos habían recibido una educación superior o eran expertos en oficios específicos en su país de origen. Además de prisioneros de guerra, algunos esclavos eran marineros capturados por piratas y vendidos en el mercado de esclavos. Los esclavos también podían ser romanos; a veces, padres empobrecidos vendían a sus hijos para pagar deudas o porque no podían alimentarlos.

La mano de obra esclava incluía trabajadores del campo, sirvientes domésticos, artesanos cualificados, arquitectos, ingenieros, maestros y escribas; todo dependía de sus habilidades y educación. Roma carecía de leyes que protegieran a los esclavos de los abusos e incluso del asesinato por parte de sus amos. Sin embargo, algunos propietarios permitían a sus esclavos comprar su libertad o incluso los liberaban sin condiciones y los ayudaban a adaptarse a la vida como libertos.

Algunos esclavos se convirtieron en gladiadores, como los representados en el mosaico de Zliten
https://commons.wikimedia.org/wiki/File:Gladiators_from_the_Zliten_mosaic_3.JPG

Espartaco, un soldado de Tracia capturado, se convirtió en gladiador, lo que ocurría a menudo a los prisioneros de guerra con experiencia militar. Los romanos acudían en masa al Foro (el Coliseo no se construyó hasta principios de la época imperial) para presenciar los sangrientos combates. Aunque ser gladiador tenía sus momentos de glamour, a los combatientes no les entusiasmaba su corta vida. Así que, una noche del año 73 a. C., Espartaco y sus 78 compañeros gladiadores aprovecharon la oportunidad para escapar, armándose con cuchillos de cocina.

Se dirigieron al Vesubio, que había permanecido inactivo durante siglos, pero que explotaría 152 años después y sepultaría Pompeya. Otros esclavos se unieron a ellos en su viaje, y los fugitivos saquearon campos y aldeas, acumulando armas y alimentos. El pretor romano Claudio Glaber marchó hacia el Vesubio con una fuerza de tres mil hombres, con la intención de atrapar a los fugitivos en la cima de la montaña y matarlos de hambre.

Pero los intrépidos esclavos construyeron escaleras de cuerda con lianas y escaparon por el acantilado hasta el valle. Atravesaron Italia liberando esclavos de las plantaciones, asaltando unidades romanas por sorpresa y aumentando su arsenal de armas hasta alcanzar los setenta mil. Los vagabundos se separaron cuando dos cónsules al frente de legiones distintas los persiguieron. Una parte de ellos permaneció en el sur de Italia y cayó en manos del ejército romano, pero el resto se adentró en el norte de Italia con Espartaco. El plan consistía en cruzar los Alpes para salir de Italia y regresar a sus países de origen. (Hay muchas teorías diferentes sobre por qué Espartaco eligió ir al sur y por qué los esclavos se dividieron en dos grupos, pero estas son las teorías más populares).

Cuando llegaron a los Alpes, la mayoría de los fugitivos se desanimaron al ver los picos de tres mil metros. Era primavera y la capa de nieve no se había derretido lo suficiente como para cruzar. Les preocupaba que, si se quedaban, pudieran quedar atrapados contra las montañas. Decidieron marchar hacia el sur, cruzar el estrecho hasta Sicilia y movilizar a los esclavos, que se habían sublevado un par de décadas antes. Confiaban en poder tomar Sicilia y mantenerla contra los romanos. Alcanzaron el estrecho y pagaron a unos piratas para que los llevaran al otro lado, pero estos se marcharon con el dinero y los dejaron atrás.

El comandante romano Craso pensó que tenía a Espartaco atrapado en la punta de la bota de Italia. Construyó un canal de 37 millas a través de la península y un muro detrás del canal para impedir que los esclavos escaparan. Pero los seguidores de Espartaco represaron el canal, lo cruzaron y escalaron el muro. En este punto, los fugitivos estaban en desacuerdo sobre su siguiente paso. Se separaron, dejando a Espartaco con un grupo mucho más pequeño. Su exceso de confianza después de ganar una batalla contra la legión romana significó su muerte, ya que sucumbieron a los romanos en la siguiente lucha. Los romanos crucificaron a los seis mil que sobrevivieron a la batalla; sus cruces sangrientas se extendieron cien millas a lo largo de la Vía Apia desde Capua hasta Roma.

Capítulo 4: Literatura, arte y religión

En el talón de la bota de Italia se encontraba Tarento, una ciudad griega, una de las más grandes del mundo en su época. Contaba con la flota naval y las fuerzas terrestres más poderosas del sur de Italia y, gracias a su lucrativo comercio, era inimaginablemente rica. Pero en 209 a. C., cayó en manos de Roma. Los romanos masacraron a miles de personas y saquearon las valiosas obras de arte de la ciudad, llevándose los tesoros a Roma junto con treinta mil esclavos.

Entre esos treinta mil se encontraba Andrónico, un joven erudito y culto. Al darse cuenta de su valor, un general romano llamado Marco Livio Salinator lo compró para que fuera tutor de sus hijos. Tomando el apellido de su amo, Livio Andrónico tradujo al latín obras maestras griegas como *La Odisea* de Homero para instruir a los hijos de Salinator. Más tarde, Salinator liberó a Andrónico, quien fundó su propia escuela y escribió tragedias y comedias para la escena. Se convirtió en el primer escritor conocido de poesía épica y obras dramáticas en lengua latina.

Este mosaico de Pompeya representa a Livio Andrónico, el primer escritor latino de Roma
https://commons.wikimedia.org/wiki/File:Pompeii_-_Casa_del_Poeta_Tragico_-_Theater_3.jpg

Los primeros escritores de la República romana eran a menudo esclavos griegos cultos, libertos como Andrónico o estudiantes romanos a los que enseñaban. Muchos romanos cultos hablaban griego y estudiaban filosofía y sátira griegas. La Edad de Oro de la literatura latina, durante los últimos setenta años de la República, fue una época de intenso progreso cultural en Roma, a pesar de las guerras civiles y el colapso político. Los notables logros literarios de Roma durante la Edad de Oro estuvieron marcados por estilos romanos característicos.

Entre los escritores de la Edad de Oro se encontraba Cicerón, un filósofo político desesperado por resolver las múltiples crisis de Roma. Escribió numerosos tratados que apoyaban a la antigua aristocracia patricia, intentaban reparar la constitución, y defendían la paz y el orden. Afirmaba que preservar la vida y la propiedad unía al pueblo, permitiéndole alcanzar su máximo potencial. La cooperación era la clave para alcanzar los objetivos y cumplir los deberes, que según él era el bien supremo.

Publio Virgilio Marón, más conocido como Virgilio, creció en una comunidad agrícola del norte de Italia. Su primera colección de poemas, *Las Églogas* (o *Las Bucólicas*), exploraba la agonía de sus vecinos pastores que perdieron sus tierras ancestrales en la cambiante escena política de Roma. Tres siglos más tarde, el emperador Constantino interpretó algunos versos de sus cuartas *Églogas* como una profecía de Jesucristo: «La Virgen vuelve trayendo al Rey amado». San Agustín estuvo de acuerdo con Constantino, pero dijo que Virgilio no entendió su propia profecía[13].

La poesía épica de Virgilio abarcaba temas de actualidad y mitos romanos
https://commons.wikimedia.org/wiki/File:Parco_della_Grotta_di_Posillipo5_(crop).jpg

La última y más famosa obra de Virgilio fue *La Eneida*, que trata de los viajes del mítico antepasado de Roma, Eneas, cuando escapa de las llamas de Troya para establecerse finalmente en el centro de Italia. Virgilio nunca terminó *La Eneida*; murió cuando aún la estaba editando. Sin embargo, sirvió para infundir esperanza en los caóticos tiempos de Roma. Ha perdurado a lo largo de los milenios como pilar de la educación clásica y ha influido en obras literarias posteriores como *Beowulf, Paraíso Perdido* y *La Divina Comedia*. La historia se vuelve a contar en *La Antigua Roma* de Enthralling History[14].

---

[13] Ella Bourne, "The Messianic Prophecy in Vergil's Fourth Eclogue", *The Classical Journal* Vol. 11, No. 7, (Abril de 1916), 390-400. https://www.jstor.org/stable/pdf/3287925.pdf.

[14] Enthralling History, *La Antigua Roma: Un apasionante repaso a la historia de Roma, desde el*

Publio Ovidio Naso, más conocido como Ovidio, optó por una vida de poeta en lugar de seguir a su padre patricio en el servicio público. Sus poemas humorísticos en los que aconsejaba sobre el amor divirtieron a la población romana, que deliraba con su serie de tres libros, *El arte de amar*. En el primer libro, explicaba a los hombres cómo encontrar una mujer: «No caerá del cielo, hay que buscarla». Sugería lugares específicos para encontrar a una joven, como las carreras o el circo, donde los asientos abarrotados significaban que uno podía «apretar su muslo contra el de ella». Instruía a los hombres para que prestaran una atención caballerosa a la joven mientras tal vez echaban «un vistazo a sus piernas». Les decía a los jóvenes que se cortaran bien el pelo, llevaran una toga limpia y se aseguraran de no tener suciedad bajo las uñas, ni pelos brotándoles de las fosas nasales, ¡ni mal aliento! En el segundo libro, explicaba a los hombres cómo conservar a una mujer una vez que la tenían, y en el tercero aconsejaba a las mujeres cómo encontrar y conservar a un hombre[15].

La obra más destacada de Ovidio fue *Metamorfosis,* una colección de quince libros que tratan de la mitología y las transformaciones que experimentan sus protagonistas. Trata de la creación del mundo y de la Edad de Oro, cuando los humanos no tenían leyes ni castigos, y eran puros y buenos. Luego vino la Edad de Plata, cuando Saturno fue desterrado del cielo. Los humanos tenían que trabajar duro para arar la tierra y se refugiaban en toscas casas para protegerse del frío. Debido a la violencia de los humanos, Júpiter decidió destruir a todo el pueblo con un gran diluvio, pero eligió a una familia para que sobreviviera. Ovidio también describe otros mitos romanos y la relación entre los dioses y la humanidad en la *Metamorfosis*[16].

El arte en la República romana abarcaba varias disciplinas, como esculturas de mármol, edificios, murales, mosaicos y metalistería en plata y bronce. Las primeras obras de arte de la república no fueron muy diferentes de las realizadas durante la monarquía, ni tampoco fueron muy prolíficas; los romanos eran utilitaristas, por lo que se preocupaban más por la función que por la estética. Pero los enfrentamientos de

---

mito de *Rómulo y Remo, pasando por la República, hasta la caída del Imperio romano* (2021), 10-24.

[15] *Ovidio. El arte de amar (Ars Amatoria),* trad. A. S. Kline. Poesía en traducción. https://www.poetryintranslation.com/PITBR/Latin/ArtofLoveBkII.php.

[16] *Ovidio, Metamorfosis,* trad. Sir Samuel Garth, John Dryden, et al. http://classics.mit.edu/Ovid/metam.1.first.html.

Roma con Grecia llevaron a una nueva apreciación del arte.

Cuando Roma conquistaba ciudades griegas como Corinto, los soldados saqueaban esculturas y otras obras de arte de valor incalculable para llevárselas a Roma. Trágicamente, a menudo dañaban las piezas durante el transporte, pero los romanos copiaron las estatuas griegas y otras obras de arte, absorbiendo sus técnicas innovadoras. La adaptación de Roma a la cultura griega dio lugar al estilo grecorromano, que ha adornado la arquitectura y el arte hasta nuestros días. En el último siglo de la república, artistas y arquitectos empezaron a producir creaciones exclusivamente romanas, como retratos realistas e impresionantes edificios.

Al principio, los edificios romanos se construían con madera, piedra o adobe, pero en el siglo II a. C., el hormigón romano permitió crear columnas gigantescas y estilos de construcción fluidos. El hormigón romano incorporaba ceniza volcánica, lo que lo hacía duradero y sin grietas. En general, la arquitectura seguía el diseño griego, pero los romanos tomaron prestada la tecnología etrusca para construir acueductos. Los acueductos etruscos eran principalmente canales subterráneos descubiertos (como una zanja pavimentada) que drenaban las zonas pantanosas o trasladaban el agua de los ríos para el riego.

Este acueducto romano en España utilizaba tres niveles de arcos para atravesar el barranco, manteniendo nivelada la conducción de agua a través de la sección superior
Nick, CC BY 2.0 <https://creativecommons.org/licenses/by/2.0>, vía Wikimedia Commons; https://commons.wikimedia.org/wiki/File:Roman_Aqueduct,_Spain1.jpg

Los romanos también tomaron prestado el arco de los etruscos. Los países de Oriente Próximo habían utilizado el arco durante siglos, pero los romanos lo perfeccionaron y lo incorporaron a impresionantes edificios, puentes y acueductos. Literalmente, llevaron el arco a nuevas cotas. Y llevaron el acueducto de múltiples arcos a todas partes, hasta España, Francia y Alemania[17]. A finales de la República, los romanos construyeron la primera cúpula monumental y la mayor del mundo hasta entonces. Situado cerca de Nápoles, el «Templo de Mercurio» (en realidad no era un templo) tenía 21 metros de diámetro. Cubría uno de los baños públicos de la ciudad turística de Bayas y es la cúpula de hormigón más antigua que se conserva.

El Templo de Mercurio se encontraba en la ciudad turística de Bayas
Ra Boe / Wikipedia, CC BY-SA 3.0 DE <https://creativecommons.org/licenses/by-sa/3.0/de/deed.en>, vía Wikimedia Commons; https://commons.wikimedia.org/wiki/File:Baia-Complesso_Termal_Romano_2010-by-RaBoe-018.jpg

En la República romana, solo los magistrados elegidos podían encargar nuevos edificios públicos. Como solo tenían mandatos de un año, podían construir proyectos más pequeños, como templos, pero los grandes proyectos eran inviables. No fue hasta el último siglo de la República romana cuando los políticos encargaron proyectos arquitectónicos extravagantes como el Foro de César y el Pórtico de Pompeyo[18].

El Templo de Portuno, construido en el siglo I a. C., ejemplifica la arquitectura republicana romana. Se construyó con piedra caliza y toba volcánica porosa, con un revestimiento de yeso que pretendía asemejarse al mármol griego. Las decoraciones de los frisos de los

---

[17] Bono, P. y C. Boni, "Water Supply of Rome in Antiquity and Today", *Geo* 27, (1996), 126–134. https://doi.org/10.1007/BF01061685.

[18] Penelope E. Davies, *Architecture and Politics in Republican Rome* (Cambridge: Cambridge University Press, 2017), 2-4.

pilares superiores y del tejado presentan guirnaldas y un motivo de cráneo de buey. El templo dedicado al dios del agua Portuno se convirtió en iglesia en el siglo IX d. C., preservándolo de la destrucción de templos y edificios nobles que tuvo lugar durante la Edad Media.

Elegantes tallas adornaban el «capitel» (parte superior) de los pilares del templo de Portuno

Crédito: Benjamín Núñez González, CC BY-SA 4.0 <https://creativecommons.org/licenses/by-sa/4.0>, vía Wikimedia Commons; https://commons.wikimedia.org/wiki/File:Detalles_del_Templo_de_Portuno,_Roma,_2017_04.jpg

Los romanos tallaban exquisitas columnas y esculturas en mármol blanco translúcido. Disfrutaban añadiendo color a sus diseños con mármol coloreado y otros materiales semipreciosos. Los artistas decoraban las caras de las esculturas con pintura y dorado, y a veces pintaban la estatua entera. El color era tan esencial para la escultura romana como la forma fluida[19].

Las esculturas de esta época tenían una marcada influencia helenística (griega) y solían ser representaciones realistas de líderes romanos talladas en mármol y bronce. Estas esculturas presentaban un realismo increíble. Incluían las imperfecciones de las personas, como verrugas, arrugas, papada flácida, ceño fruncido y narices enormes y ganchudas. Parecía reflejar la intención de los romanos de observar con sensatez la realidad

---

[19] Mark B. Abbe, "Polychromy of Roman Marble Sculpture", en *Heilbrunn Timeline of Art History* (New York: The Metropolitan Museum of Art, 2007) http://www.metmuseum.org/toah/hd/prms/hd_prms.htm.

y la comprensión de que los líderes que representaban democráticamente al pueblo *eran* personas, con todas sus flaquezas.

Este busto de mármol muestra a Catón el Viejo con gran realismo
https://commons.wikimedia.org/wiki/File:Patrizio_Torlonia.jpg

Cuando el Vesubio entró en erupción en el año 79 de nuestra era, mató a miles de personas y sepultó tanto a Pompeya como a las ciudades cercanas bajo seis metros de ceniza volcánica y piedra pómez. Esta cubierta preservó la ciudad durante dos milenios, por lo que recientes excavaciones han revelado impresionantes pinturas y mosaicos de finales de la república y principios de la época imperial. Muchos pintores griegos se trasladaron a Italia a finales de la república; fueron contratados por familias aristocráticas para decorar sus comedores y atrios con frescos murales. Algunas de estas pinturas eran copias de obras griegas originales de un siglo o más antes. El arte del mosaico surgió en Roma y sus colonias en el siglo III a. C. Utilizados en un principio como revestimiento práctico y decorativo para el suelo, los mosaicos cubrieron más tarde las paredes con escenas intrincadas y realistas.

Este mosaico de Pompeya del siglo II a. C. advertía: «Cave Canem» (cuidado con el perro)
Greg Willis de Denver, CO, EE. UU., CC BY-SA 2.0 <https://creativecommons.org/licenses/by-sa/2.0>, vía Wikimedia Commons; https://commons.wikimedia.org/wiki/File:Pompeii_-_Cave_Canem_(4786638740).jpg

La Eneida de Virgilio cuenta que los antepasados de Roma adoraban a dos dioses domésticos llamados los Penates. Eran imágenes masculinas realistas y lo suficientemente pequeñas como para que el padre de Eneas se aferrara a ellas mientras era transportado a la espalda de Eneas en la huida de Troya. Los Penates guiaron a Eneas en su periplo, redirigiéndolo a Italia cuando se equivocó de camino hacia Creta. Dionisio relató que, tras establecerse en Lavinio (treinta kilómetros al sur de lo que sería Roma), Eneas construyó un santuario para los Penates en lo alto de la colina de la ciudad. Ya no eran dioses domésticos, sino deidades y guardianes de todos los refugiados, una encarnación de su pasado troyano.

Este denario de época republicana acuñado en 106 a. C. muestra a los dos Penates (izquierda); en la otra cara hay una escena de la Eneida en la que Eneas encuentra la profetizada cerda blanca

Curiosamente, Virgilio dijo que después de que el hijo de Eneas, Ascanio, construyera Alba Longa y trasladara allí a la mayor parte de su población, hizo un santuario para los Penates en Alba Longa, pero estos no quisieron quedarse allí. Cuando se despertó por la mañana, se dio cuenta de que se habían ido y alguien le informó de que habían regresado a Lavinio. Cómo habían llegado allí los Penates era un misterio. Finalmente, Ascanio se rindió y les permitió quedarse en Lavinio, en el santuario de su padre. Lavinio siguió siendo una ciudad sagrada durante toda la República romana; los cónsules y pretores recién elegidos viajaban allí desde Roma para llevar sacrificios a los Penates.

Desde sus inicios, Roma fue politeísta y adoptó dioses de Grecia y otros países. Eneas trajo de Troya el culto a Vesta, la diosa virgen de la familia y el hogar, y su culto continuó durante toda la república. El fuego sagrado del templo, cuidado por las vírgenes vestales, la representaba en lugar de imágenes. A diferencia de las deidades romanas y griegas, Vesta tenía pocos mitos y no se peleaba con otros dioses. Otros dioses importantes eran Júpiter (el Zeus griego), rey de los dioses; su esposa Juno (la Hera griega), diosa de la luna y la fertilidad; el dios del mar Neptuno (el Poseidón griego); y Marte (el Ares griego), dios de la guerra.

Los romanos practicaban el sacrificio de animales. Preferían sacrificar cerdos, pero también ofrecían ovejas y bueyes. Los sacrificios humanos eran poco frecuentes, pero en la lucha contra Aníbal en 216 a. C., Livio registró el sacrificio de víctimas humanas, probablemente personas esclavizadas, procedentes de Francia y Grecia:

«Por indicación de los Libros del Destino, se ofrecieron algunos sacrificios inusuales; entre otros, un hombre y una mujer galos, y un hombre y una mujer griegos fueron enterrados vivos en el Mercado de Ganados, en un lugar amurallado con piedra, que incluso antes de este tiempo había sido profanado con víctimas humanas, un sacrificio totalmente ajeno al espíritu romano»[20].

Durante la monarquía, el rey ejercía funciones sacerdotales, pero durante la República romana, un patricio asumía esas responsabilidades religiosas en un cargo vitalicio llamado *rex sacrorum* (rey de los sacerdotes). Roma también contaba con un sacerdote principal elegido sobre el clero estatal (el Colegio de pontífices) llamado *pontifex maximus*, el título del papa en la actualidad. Las distintas religiones tenían sus propios *flamines* (sumos sacerdotes de un culto). El resto de los sacerdotes eran cargos a tiempo parcial ocupados por hombres y mujeres de alta posición social.

Durante la república, los romanos no interferían en las religiones de los países conquistados; a veces incluso las asimilaban. Lo que creían no era tan crucial como su participación activa en los ritos religiosos. Los romanos creían que su derecho divino a gobernar gran parte del mundo conocido provenía de su dedicación a la religión y de la comprensión de que los dioses lo controlan todo.

---

[20] Livio, *Historia de Roma, Vol. V.*

SEGUNDA PARTE:
Guerra y expansión (350-200 a. C.)

Capítulo 5: El ejército romano

¿Cómo lograron los romanos conquistar tierras que se extendían desde Oriente Próximo hasta el norte de África y Europa occidental? ¿Cómo lograron un éxito increíble sin ser inicialmente poco notables desde el punto de vista táctico y tecnológico? Parte de su fenomenal triunfo se debió a su naturaleza indomable y tenaz. Se negaron a aceptar la derrota, incluso ante catástrofes militares. Gracias a su determinación inquebrantable, los romanos lograron victorias a pesar de las adversidades.

A lo largo de los siglos de la República romana, el ejército romano conservó su tenacidad, pero maduró y evolucionó hasta convertirse en una máquina militar insuperable. ¿A qué se deben los inconcebibles logros de Roma en tierra y mar? La organización militar, la rígida disciplina, las recompensas al valor, la tecnología de la guerra de asedio, las ingeniosas tácticas y el formidable armamento desempeñaron un papel decisivo.

¿Cómo se reclutaba a los soldados? ¿Quién podía servir y durante cuánto tiempo? En los primeros tiempos de la República, los soldados eran reclutas, en su mayoría romanos, aunque se disponía de mil soldados adicionales procedentes de las tribus etrusca, latinas y sabinas. Para servir en el ejército, un ciudadano romano debía ser propietario de tierras. La mayoría de los soldados eran también agricultores, por lo que sus despliegues solo duraban un breve periodo, normalmente entre la siembra de primavera y la cosecha de otoño, la temporada de guerra tradicional. Aunque podían pasar algún tiempo entrenando en invierno o cuando no había guerras, por lo general solo eran llamados para conflictos específicos. Las tropas se disolvían cuando terminaba una campaña militar; la primera república no tenía ejército permanente.

Cuando el general Mario se presentó a cónsul en el año 107 a. C., su promesa electoral era poner fin de forma rápida y victoriosa a la guerra que se estaba librando con Numidia en el norte de África. Cuando ganó, se dio cuenta de que Roma no tenía suficientes soldados porque no había suficientes propietarios. Mario recibió el permiso del Senado para reclutar hombres plebeyos que no tuvieran propiedades. En lugar de reclutar personal militar, pensó que los soldados voluntarios estaban más dispuestos a luchar. Prefería, sobre todo, reclutar a veteranos con experiencia en la lucha[21].

Las reformas militares de Mario también incluían el pago por parte del gobierno de las armaduras y armas básicas de los soldados. Este fue el comienzo del ejército permanente de Roma. Dos décadas más tarde, Roma seguía escasa de soldados, por lo que reclutó soldados de otras tribus de Italia, recompensándolos con la ciudadanía al final de su servicio. Con romanos y no romanos sirviendo juntos durante meses, surgió una nueva cultura en el ejército, leal a Roma más que a sus ciudades y tribus de origen.

Cien soldados romanos (más tarde ochenta) formaban un grupo llamado centuria. Seis centurias formaban una cohorte. Diez cohortes formaban una legión, que constaba de 4.800 a 6.000 hombres, dependiendo del tamaño de la centuria. Según Livio, en el 362 a. C., Roma contaba con dos legiones, cada una dirigida por uno de los cónsules. En 311 a. C., el número aumentó a cuatro legiones, lo que permitió a Roma derrotar a los samnitas tras décadas de guerra. Un mayor número de legiones permitió a Roma luchar en múltiples frentes en las subsiguientes guerras púnica y pírrica.

Cuando Roma empezó a luchar fuera de Italia, en tierras situadas a miles de kilómetros de distancia, necesitó soldados que pudieran comprometerse con despliegues a largo plazo. Así, el ejército de voluntarios a tiempo parcial se transformó en un ejército permanente con legiones repartidas por todo el Mediterráneo. A finales de la República romana, Roma contaba con más de veinte legiones

---

[21] Andrew Lintott, "Political History, 146-95 BC", en *The Cambridge Ancient History*, ed. por John Crook, Andrew Lintott, y Elizabeth Rawson (Cambridge: Cambridge University Press, 1992), 92.

estacionadas en bases permanentes. Cada legión solía tener una caballería de 120 caballos, que se utilizaba más para explorar y llevar mensajes que para combatir.

El historiador judío y comandante militar Josefo describió al ejército romano como muy hábil en la guerra, bien organizado y luchando con elegante unidad. Impecablemente armados, seguían sin vacilar las órdenes lúcidas de sus líderes. Según Josefo, su rígida disciplina permitía que incluso una fuerza pequeña se impusiera ante unidades más grandes y desorganizadas. Por último, los romanos eran incansables en la batalla, y seguían adelante estoicamente hasta alcanzar su objetivo[22].

Los romanos utilizaban diversas máquinas de asedio para derribar las puertas de las ciudades, las altas y gruesas murallas y otras fortificaciones. Algunas torres de asedio y catapultas se desplazaban sobre ruedas hasta las murallas. Las escaleras de asedio permitían a los soldados escalar las murallas. Los ingenieros construían trincheras y muros defensivos para proteger a los soldados de las flechas lanzadas desde la ciudad y excavaban túneles bajo las murallas.

Como comandante de las fuerzas judías cuando Roma sitió la Baja Galilea, Josefo dio cuenta de primera mano de la devastación causada por las máquinas de asedio romanas. La mayor parte del ejército judío se había refugiado en la ciudad de Jotapata (Yodfat), situada en lo alto de un precipicio rodeado por una pesada muralla. Los romanos comenzaron su asalto talando cientos de árboles, y recogiendo piedras y tierra para construir un terraplén contra la muralla. Trabajaron en «formación de tortuga», con un muro de escudos que los protegía de las flechas disparadas desde lo alto de las murallas.

---

[22] Flavio Josefo, *La guerra judía*, Libro III, Capítulo 1. http://penelope.uchicago.edu/josephus/war-3.html.

Rome ballista of 1 talent caliber

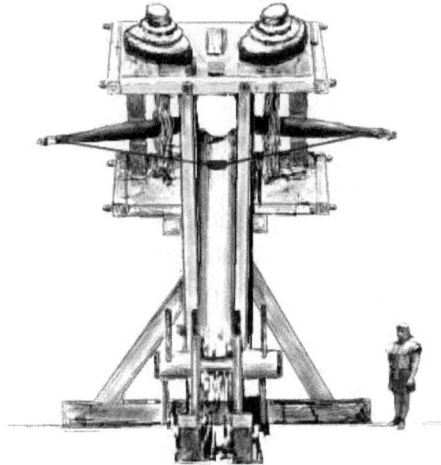

Las palancas de la ballesta con muelles de torsión lanzaban piedras a quinientos metros
https://commons.wikimedia.org/wiki/File:Bal_BBC1.jpg

El banco permitió a los romanos colocar sus 160 catapultas a suficiente altura para disparar enormes rocas contra la ciudad, junto con las flechas lanzadas por sus fuerzas árabes aliadas. Vespasiano puso entonces en juego su ariete, una enorme viga de madera con una cabeza de carnero de hierro en el extremo, suspendida en el aire por cuerdas. Muchos hombres tiraron del ariete hacia atrás y luego lo lanzaron hacia delante, aplastando el muro con la cabeza de hierro.

Los galileos gritaban mientras los muros que los rodeaban temblaban. Pero los judíos se defendieron del ariete dejando caer sacos de paja sobre cuerdas en la parte de la muralla atacada por el ariete, lo que suavizó los golpes. Otros judíos se escabulleron de noche y prendieron fuego a las máquinas de asedio. Sin embargo, los romanos mantuvieron el orden, reconstruyeron su equipo y continuaron el asedio. El ariete y las piedras lanzadas por las catapultas empezaron a derrumbar los muros y a golpear a la gente que estaba dentro.

Los galileos neutralizaban la propulsión del ariete con sacos de paja
Rijksmuseum, CC0, via Wikimedia Commons
*https://commons.wikimedia.org/wiki/File:Beleg_van_Jotapata_door_de_Romeinen_onder_Vesp
asianus,_RP-P-1896-A-19368-2321.jpg*

Una enorme roca golpeó a una mujer embarazada en el vientre, expulsando al feto de su cuerpo. Otra roca golpeó a un hombre que estaba junto a Josefo, decapitándolo y lanzando su cabeza lejos. Las calles estaban resbaladizas de sangre a medida que se amontonaban los cadáveres. Los romanos se abalanzaron sobre las brechas del muro con un sonoro toque de trompeta y un fuerte grito. Pero los judíos vertieron aceite hirviendo sobre ellos, y los romanos cayeron, gritando mientras el aceite caliente se filtraba en sus cascos y armaduras.

Sin embargo, os infatigables romanos que venían detrás presionaron, llamando cobarde a cualquiera que vacilara. Vespasiano hizo que sus hombres levantaran tres torres de quince metros cubiertas con planchas de hierro y las llenaron de arqueros. Las hizo rodar por el terraplén contra la muralla, junto con las catapultas. Los galileos abandonaron las murallas mientras las flechas romanas oscurecían el cielo. Finalmente, la ciudad cayó. Cuarenta mil judíos murieron en la batalla o por suicidio, y los romanos esclavizaron a mil doscientas mujeres y niños[23].

¿Qué se esperaba de los soldados romanos? Necesitaban una gran fuerza física y la capacidad de soportar dificultades, como largas marchas cargando con todo su equipo. Tenían que obedecer al instante cualquier

---

[23] Josefo, *La guerra judía*, Libro III, Capítulo 7.

orden que les dieran sus superiores. Los soldados insubordinados o cobardes eran castigados sin piedad, a menudo con la muerte. Los generales reconocían a los soldados que mostraban un valor inusual en el campo de batalla o realizaban hazañas ejemplares. Según Polibio, el general pronunciaba un discurso elogiando a los soldados que destacaban en la batalla y luego repartía recompensas. El que hería al enemigo recibía una lanza. El primer soldado que escalaba la muralla de una ciudad sitiada recibía una corona de oro.

«Los que recibían tales regalos, además de hacerse famosos en el ejército y también durante un tiempo en sus casas, eran especialmente distinguidos en las procesiones religiosas tras su regreso, ya que a nadie se le permitía llevar condecoraciones excepto a aquellos a los que el cónsul había conferido estos honores por su valentía; y en sus casas colgaban los botines que habían ganado en los lugares más conspicuos, considerándolos como muestras y pruebas de su valor. Teniendo en cuenta toda esta atención prestada al asunto de los castigos y las recompensas en el ejército, y la importancia que se concede a ambos, no es de extrañar que las guerras en las que participan los romanos terminen con tanto éxito y brillantez»[24].

Las armas estándar de un soldado romano eran una lanza, una espada y un puñal. El *pilum* era una lanza de dos metros, que pesaba entre dos y cinco libras, con un asta de madera y un mango de hierro. El *pilum* se lanzaba contra el enemigo en lugar de utilizarse en el combate cuerpo a cuerpo y era famoso por atravesar las armaduras. Tras luchar en la península ibérica en las guerras púnicas, los romanos adoptaron la *gladius Hispaniensis*, o espada española, en el siglo II a. C. Esta espada era ideal para el combate cuerpo a cuerpo en un campo de batalla abarrotado, ya que su hoja de 65 centímetros era más corta y fácil de usar para apuñalar y acuchillar.

La daga *pugio* era un arma de mano que solían llevar tanto en el campo de batalla como los funcionarios que realizaban sus tareas en Roma. Era una herramienta defensiva muy útil en la batalla si el soldado perdía su espada y su lanza. En la vida civil, era un arma de asesinato y suicidio. Los funcionarios a menudo la ocultaban en su toga por si necesitaban matar a un rival o defenderse de un ataque.

---

[24] Polibio, *Las Historias*, Vol. 6, Secc. 6.
http://penelope.uchicago.edu/Thayer/E/Roman/Texts/Polybius/home.html.

Durante la República romana, los soldados llevaban un escudo *scutum* redondo, que más tarde fue sustituido por un gran escudo rectangular en la época imperial. En el centro del escudo había un umbo, una protuberancia redondeada o cónica de bronce o hierro. Este tipo de escudo desviaba eficazmente los golpes cuando el soldado utilizaba un movimiento de puñetazo; también podía utilizarlo como arma ofensiva para aplastar a un oponente.

En la época republicana, el soldado solía llevar una armadura de cota de malla, formada por pequeños anillos de hierro unidos entre sí para formar una cubierta flexible y transpirable. Algunos soldados llevaban armaduras de escamas con escamas de hierro o bronce cosidas a la tela de modo que las escamas se superponían. El casco típico de la mayoría de los soldados de esta época era el montefortino, adoptado de los celtas, que se asemejaba a una gorra de béisbol metálica llevada hacia atrás.

El casco montefortino fue popular en la República romana

Los comandantes romanos tenían múltiples tácticas en su repertorio. En los primeros tiempos de la república, los soldados se alineaban en una formación similar a la falange griega. Filas de soldados se colocaban hombro con hombro, con sus escudos ligeramente superpuestos, formando un muro de escudos. Esta formación protegía la primera línea de los proyectiles enemigos. Las múltiples filas de soldados empujaban con sus escudos a los que tenían delante, convirtiendo a toda la masa en una apisonadora humana capaz de pisotear al ejército contrario.

Más tarde, los romanos aplicaron su versión de la falange macedonia, desarrollada por Filipo II, el padre de Alejandro Magno. Hacia el 315 a. C., los romanos utilizaban una formación manipular compuesta por múltiples grupos o manípulos de 120 hombres. En lugar de una línea sólida, cada unidad más pequeña operaba de forma independiente. Las primeras líneas contaban con quince manípulos o grupos, seguidos de otros quince manípulos y, por último, quince *princeps*, grupos de veteranos militares de mayor edad. Cada sección tenía un comandante subalterno que podía dirigir a las tropas según las necesidades del momento en lugar de esperar la orden del general.

Plutarco cuenta la historia de una batalla de las guerras pírricas en la que los romanos se enfrentaron a una falange macedonia que parecía impenetrable. Pero el subcomandante romano agarró el estandarte de su compañía y lo lanzó al centro de la falange adversaria. El estandarte tenía un águila de bronce u otra figura similar sobre un largo asta. Los soldados se unieron en torno a su estandarte y lo protegieron a toda costa. Cuando lo veían arrojado entre el enemigo, se lanzaban inmediatamente a rescatarlo, rompiendo la falange enemiga. Ambos bandos sufrieron terribles bajas.

Los romanos empezaron a utilizar palomas mensajeras en la República romana para enviar mensajes. Los espías en el campamento de Marco Antonio enviaron mensajes a Bruto a través de palomas que lo ayudaron a diseñar una estrategia exitosa basada en su información privilegiada sobre el enemigo. Los romanos también tendían a veces trampas a sus adversarios. En una batalla, un comandante llamado Quinto Sertorio se enfrentó a una caballería mucho mayor que la suya. Esa noche, cavó trincheras por todas partes y se enfrentó al enemigo. Sus hombres movieron sus caballos a un lado cuando atacaron, ¡dejando que el enemigo se metiera en las trincheras!

En la primera guerra púnica, los romanos se dieron cuenta de que para imponerse a Cartago en el norte de África necesitaban una armada. Los griegos, los egipcios y los antiguos fenicios de Cartago y Líbano habían dominado las aguas durante más de un milenio. Roma tenía barcos mercantes, pero no armada ni maestros constructores de barcos.

Pero eso no detuvo a los incontenibles romanos. Inspeccionaron un quinquerreme cartaginés que había sido arrastrado a la costa en una tormenta. Utilizándolo como modelo, ¡construyeron cien barcos de guerra en solo dos meses!

Roma celebraba las victorias militares con júbilo, un deslumbrante desfile y una ceremonia que duraba todo un día. Comenzaba con el comandante vencedor, vestido de púrpura y con una corona de laurel, pronunciando discursos, y distribuyendo recompensas y dinero a sus hombres. A continuación, una gran procesión recorría la ciudad acompañada de abanderados y músicos. El pueblo vitoreaba al ver al comandante en su carro, así como los tesoros saqueados y los cautivos reales llevados con cadenas de oro.

Los romanos parecían poco refinados en comparación con los griegos y otras civilizaciones antiguas. Sin embargo, los poco sofisticados «bárbaros» poseían un espíritu dinámico que desarrolló una máquina militar bien engrasada que pronto dominó el Mediterráneo. Las conquistas de Roma durante la República romana aportaron a Italia un enorme poder político y una riqueza asombrosa. Al final de la república, había dado lugar a la Pax Romana: una paz interna en torno al Mediterráneo que permitió un comercio floreciente y un enriquecedor intercambio de culturas.

Capítulo 6: Relaciones entre Grecia y Roma

Durante más de un siglo, Roma se enfrentó a los restos del imperio de Alejandro Magno en una encarnizada lucha por el dominio del Mediterráneo. En primer lugar, Pirro de Epiro vino a «ayudar» a las ciudades griegas del sur de Italia en su lucha contra Roma. A continuación, Roma se inmiscuyó en la intrincada política del mundo griego mientras luchaba contra Aníbal y otros cartagineses en las guerras púnicas.

El rey Pirro se hizo famoso por sus costosas «victorias pírricas» contra Roma. Tras su segunda victoria técnica, exclamó: «Si salimos victoriosos en una batalla más contra los romanos, estaremos totalmente arruinados»[25].

Las guerras pírricas enredaron a Roma con las ciudades-estado griegas del sur de Italia, sus tribus italianas aliadas y el mundo macedonio-griego del este. En el 282 a. C., los barcos romanos se adentraron en el golfo de Tarento, en el extremo sur de Italia, que estaba vedado a Roma en virtud de un tratado con la enorme ciudad de Tarento. ¿Por qué estaban los romanos en la bahía prohibida? Transportaban tropas a una guarnición romana en Turios, ciudad griega aliada de Roma.

---

[25] Plutarco, *Las vidas paralelas*, Tomo IX, "La vida de Pirro".

Los indignados tarentinos consideraron esta intrusión un acto de guerra, por lo que atacaron y hundieron cuatro barcos de transporte y capturaron uno. Luego navegaron hasta Turios e incitaron una revolución democrática, influyendo en la población para expulsar a la guarnición romana. Roma respondió declarando la guerra a Tarento, por lo que los tarentinos llamaron al rey Pirro de Epiro (Albania) al otro lado del Adriático.

El rey Pirro de Epiro ambicionaba construir un imperio
Classical Numismatic Group, Inc. http://www.cngcoins.com, CC BY-SA 2.5
<https://creativecommons.org/licenses/by-sa/2.5>, vía Wikimedia Commons;
https://commons.wikimedia.org/wiki/File:Pyrrhus_Kingdom_of_Epirus.JPG

El rey Pirro tenía delirios de grandeza; imaginaba reinar sobre un imperio como su primo Alejandro Magno. Acudió en ayuda de Tarento, pensando que podría afianzarse en Italia, a pesar de sus insuficientes recursos para una campaña militar. Pidió barcos prestados al rey Antígono de Macedonia y financiación a Antíoco del Imperio seléucida. El faraón Ptolomeo de Egipto le prestó soldados, caballos y veinte elefantes de guerra[26].

Pirro, impaciente en exceso, cruzó el Adriático antes de la primavera, pero una feroz tormenta invernal diezmó parte de sus fuerzas. Entonces, Pirro se dio cuenta de que los tarentinos querían que librara sus batallas mientras ellos disfrutaban de borracheras y fiestas. Pirro prohibió las juergas y la embriaguez, y reclutó a los hombres para el servicio militar. Algunos abandonaron la ciudad, reacios a luchar y descontentos por haber perdido su libertad.

---

[26] N. G. L. Hammond, "Which Ptolemy Gave Troops and Stood as Protector of Pyrrhus' Kingdom?", *Historia: Zeitschrift Für Alte Geschichte* 37, no. 4 (1988): 405. http://www.jstor.org/stable/4436071.

Los romanos movilizaron a treinta mil hombres y marcharon hacia el sur para atacar a Pirro. Este salió a su encuentro en el río Siris con treinta y cinco mil soldados, tres mil soldados de caballería y veinte elefantes. Contempló el campamento romano desde un alto acantilado y admiró su disciplina y orden. Al amanecer, los romanos cruzaron el río y Pirro se encontró con el ejército más feroz que jamás había visto.

Presa del pánico, cambió su armadura por la de su lugarteniente, temiendo que los romanos lo atacaran. Tenía razón: mataron al desventurado lugarteniente que llevaba el uniforme de batalla del rey. Pirro decidió la batalla enviando a sus elefantes a la carga contra los romanos, que nunca habían visto animales tan enormes. Sus frenéticos caballos salieron corriendo del campo y la caballería de Pirro dispersó rápidamente a los petrificados soldados romanos.

Pirro ganó la batalla, pero no antes de que un elefante herido se abalanzara sobre sus propias tropas, dejando cuerpos destrozados a su paso. Hasta quince mil romanos y trece mil macedonios y griegos perecieron aquel día. Sin embargo, Roma aún contaba con decenas de miles de soldados en el sur de Italia. Pirro se vio aliviado cuando algunas de las tribus italianas y las ciudades-estado griegas de Italia repusieron sus fuerzas.

Mientras ambos bandos se reagrupaban, el médico de Pirro, Nicias, envió una carta a los romanos ofreciéndose a envenenar a Pirro a cambio de una recompensa. El indignado cónsul Fabricio espetó que Roma ganaría con tenacidad, táctica y dureza, ¡no con veneno! Alertó a Pirro del complot de Nicias, quien agradeció a Fabricio liberando a sus prisioneros de guerra romanos. Pirro mató y desolló a Nicias, utilizando su piel para formar las correas de una silla.

Pirro se enfrentó al ejército romano con cuarenta mil hombres en la espantosa batalla de Ásculo, que se prolongó durante dos días. El terreno accidentado y boscoso dificultaba las cargas de elefantes y caballería. Roma había creado trescientos carros antielefantes tirados por bueyes. Las lanzas salían de vigas de hierro y los carros llevaban catapultas que lanzaban proyectiles de fuego y rocas contra los griegos y sus elefantes.

Los elefantes de Pirro rodearon los carros el segundo día y expulsaron del campo a los caballos de Roma, presas del pánico. La batalla terminó con al menos 6.000 romanos muertos y 3.500 bajas griegas. Sin embargo, Pirro tenía una herida de lanza, y los romanos saquearon su campamento y mataron a la mayoría de sus comandantes. De hecho, fue una victoria pírrica, ya que apenas mereció la pena la victoria anodina.

Parte del plan de Pirro para construir un imperio a largo plazo consistía en conquistar Sicilia y utilizarla para lanzar una campaña contra Cartago en el norte de África. Aprovechó una oferta de la ciudad griega de Siracusa: «Protégenos de Cartago, líbranos de los tiranos y podrás ser nuestro rey».

Los Tarentinos se enfurecieron cuando Pirro abandonó la guerra romana. «¡Terminen lo que empezaron aquí, o pongan nuestra ciudad como la encontraron y váyanse para siempre!».

Los romanos se rieron; ahora podían someter a los samnitas, brutos y lucanos (todos ellos antiguas tribus itálicas) que habían luchado del lado de Pirro. Roma aprovechó este paréntesis para conquistar todas las ciudades-estado griegas del sur de Italia, excepto Tarento y Regi. Mientras tanto, el complot de Pirro para dominar Sicilia fue un fracaso estrepitoso. Los cartagineses lo superaron en número y en poder hasta expulsarlo de la isla.

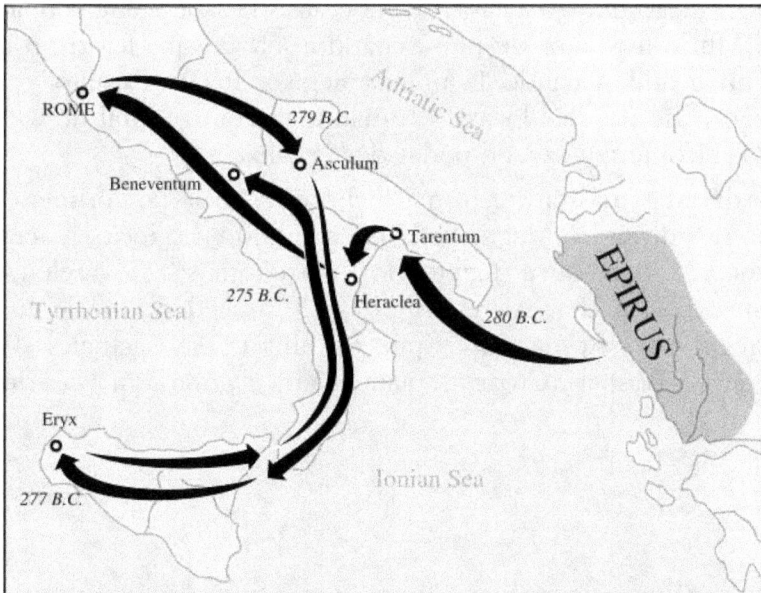

Este mapa muestra la ruta de Pirro desde Epiro a Italia y de vuelta a Sicilia

Pirro regresó a Italia en 276 a. C. con solo veinte mil hombres. A pesar de haber perdido el apoyo de sus aliados italianos y griegos, marchó confiado hacia Maleventum, el campamento romano. Maleventum significaba «mal presagio» o «llegada desafortunada», lo que resultó cierto para la torpe llegada de Pirro y la consiguiente debacle. Planeando un ataque sorpresa, Pirro hizo marchar a sus hombres por la noche a través de los bosques, pero se desviaron del camino en la oscuridad.

Al amanecer, salieron del bosque por un alto acantilado a la vista del campamento romano, perdiendo el factor sorpresa. Estaban exhaustos y deshidratados, y los elefantes estaban irritables. Antes de que pudieran descansar y reagruparse, los romanos atacaron colina arriba. Muchos de los hombres de Pirro eligieron ese momento para huir. Los elefantes de guerra de Pirro obligaron a los romanos a retroceder, pero estos habían aprendido a clavarles una lanza en el costado. Los elefantes, presas del pánico y enloquecidos por el dolor, invirtieron el rumbo, cargaron directamente hacia Pirro y pisotearon a las tropas.

Esta vez Pirro ni siquiera consiguió una victoria pírrica. Escapó a Tarento y luego navegó a casa, dejando atrás la silla hecha con la piel de Nicias. Murió tres años después, cuando una anciana le arrojó una teja desde un tejado. Cuando la noticia llegó a Italia, Tarento y Regi se rindieron a Roma, dando a los romanos el control total de toda Italia excepto la frontera norte, en poder de los galos.

Seis décadas más tarde, Roma luchó en Grecia por primera vez. El imperio de Alejandro Magno se había dividido en egipcio, macedonio y seléucida. Al debilitarse Egipto, los macedonios y los seléucidas se hicieron con el poder. Al rey Filipo V de Macedonia no le gustaba la implicación de Roma en Epiro e Iliria (las actuales Albania, Montenegro, Bosnia y Croacia); planeaba incorporarlas a Macedonia.

Este mapa muestra las regiones implicadas en las guerras macedónicas
https://commons.wikimedia.org/wiki/File:Macedonia_and_the_Aegean_World_c.200.png

El conflicto entre Filipo V y Roma desembocó en la primera guerra macedónica (214-205 a. C.), cuando Filipo atacó Apolonia, situada en Iliria. Los romanos lo ahuyentaron, pero Filipo volvió un año después, capturando dos importantes fortalezas. Roma se alió con la Liga Etolia de Grecia central y con el rey Atalo de Pérgamo (actual Turquía occidental). Las fuerzas conjuntas capturaron las ciudades de Nasus, Eníadas, Zacinto y Anticira en Grecia continental.

Filipo se alió con Bitinia (norte de Turquía, en el mar Negro) para expulsar a la Liga Etolia del norte de Grecia. Filipo ganó este conflicto, pero la flota de Roma navegó justo cuando estaban negociando los términos de la rendición. Sin embargo, Filipo se impuso a Roma antes de partir para hacer frente a una invasión dardiana de Macedonia. Roma trasladó sus barcos al Adriático y se centró en proteger a sus aliados comerciales estacionando diez mil soldados de infantería y mil de caballería en Iliria.

Filipo volvió a atacar a la Liga Etolia, expulsándola de Jonia y Tesalia. Tras enterarse de que Roma estaba venciendo a Cartago en la segunda guerra púnica, Filipo decidió poner fin a su guerra en Grecia antes de que Roma dispusiera de más recursos para luchar contra él. La Liga Etolia, Macedonia y Roma acordaron la Paz de Fenicia en 205. Filipo poseía ahora parte de la Grecia continental y la Iliria interior, pero Roma confiaba en que la Iliria costera estuviera a salvo.

La segunda guerra macedónica (200-197 a. C.) comenzó con un complot para apoderarse de Egipto. Ptolomeo IV había muerto, dejando como faraón a su hijo de seis años, Ptolomeo V, y la familia real discutía sobre quién sería el regente. Filipo V de Macedonia y Antíoco el Grande del Imperio seléucida conspiraron para aprovecharse del caos y repartirse el territorio egipcio. Antíoco se quedaría con Egipto y Chipre, mientras que Filipo se quedaría con Cirene y los territorios egipcios en el mar Egeo.

En primer lugar, Filipo necesitaba asegurar las colonias griegas cercanas al estrecho de los Dardanelos, críticas para el tráfico marítimo entre los mares Egeo y Negro. Mientras tanto, Antíoco conquistó Sidón, Damasco y Samaria. Filipo comenzó su campaña en el mar Egeo derrotando a Mileto y atacando la base naval egipcia de Samos en 201 a. C. Antíoco expulsó a los egipcios de Judea y los jubilosos judíos lo aclamaron como su héroe conquistador. Su alegría se convirtió en horror tres décadas más tarde, cuando el hijo de Antíoco, Epífanes, instaló una imagen de Zeus en el templo de Jerusalén y sacrificó un cerdo, desencadenando la revuelta macabea.

Roma triunfó finalmente sobre Cartago en 201 a. C. y ahora tenía tiempo para centrarse en Grecia y Macedonia. Roma advirtió a Filipo V que retirara sus tropas de Grecia, dejara en paz a Egipto y detuviera sus acciones agresivas en otras regiones. Filipo ignoró esta estipulación atacando Abidos en los Dardanelos. Cuando se perdió toda esperanza, los hombres de Abidos mataron a sus familias, arrojaron al mar los tesoros de la ciudad y lucharon hasta el último hombre. Roma no quería que Filipo controlara el estrecho de los Dardanelos, así que declaró la guerra.

El recién elegido cónsul, Sulpicio, navegó hacia el este con sus exhaustas tropas, que acababan de regresar de un largo despliegue contra Cartago. Se enfrentó a Filipo en el 200 a. C., pero tras dos batallas inconclusas, Filipo partió en mitad de la noche para defender Macedonia de una invasión dardania. Sulpicio lo persiguió en un primer momento, pero luego decidió atacar las bases navales macedonias.

En 199 a. C., Roma eligió cónsul a Tito Quincio Flaminino, de veintinueve años, a pesar de que la edad requerida era de cuarenta y uno. Flaminino sustituyó a Sulpicio y demostró ser un líder estelar. Rápidamente liberó el territorio que Filipo había tomado en Grecia. Se enfrentó a Filipo en un paso de Albania. Después de que un pastor le revelara una ruta alternativa a través de las montañas, Flaminino atacó por sorpresa la retaguardia de Filipo, matando a dos mil macedonios.

El Senado estaba tan satisfecho con Flaminio que le dijo que siguiera luchando, a pesar de que su mandato como cónsul estaba a punto de terminar. Flaminino contó con veinte elefantes de guerra en la batalla de Cinoscéfalas, en Tesalia, en 197 a. C., que se libró en un valle cubierto por una profunda niebla. Sus elefantes se impusieron en la batalla, en la que los romanos causaron ocho mil bajas macedonias. Filipo finalmente se rindió, aceptando renunciar a cualquier reclamación sobre Grecia y permanecer en Macedonia.

Roma dijo a Antíoco que podía conservar su imperio y Egipto, pero que abandonara Tracia (la actual Bulgaria) y se mantuviera alejado de los Dardanelos. Pero Antíoco consideraba que tenía un derecho hereditario sobre Tracia. La Liga Etolia de Grecia abandonó su alianza con Roma en favor de Antíoco, convirtiéndolo en su comandante en jefe. Se dirigió a la península del Peloponeso, en el sur de Grecia, para atacar a la Liga Aquea, rival de la Liga Etolia y aliada de Roma. Pero Roma los despachó con dos legiones. La guerra derivó en una batalla naval en el mar Egeo, donde Antíoco perdió la mitad de sus barcos. La batalla terrestre final en Tesalia en 197 a. C. le costó la mitad de su ejército terrestre. Antíoco renunció a sus ciudades conquistadas y pagó una deuda de guerra a Roma y Pérgamo, pero siguió gobernando el colosal Imperio seléucida.

La tercera guerra macedónica comenzó en 171 a. C., poco después de que el hijo de Filipo V, Perseo, ascendiera al trono de Macedonia. Perseo prometió a los griegos que podría restaurar su antiguo poder y riqueza. Pero el rey de Pérgamo, Eumenes II, se dirigió a Roma para advertirle de las ambiciones de Perseo, sus alianzas estratégicas y su enorme arsenal de armas. Los romanos declararon la guerra y se aliaron con Pérgamo[27].

---

[27] Tito Livio, *Historia de Roma*, Vol. VII.

Perseo ganó el primer asalto en Tesalia, perdiendo solo cuatrocientos hombres frente a los dos mil romanos en 171 a. C. Entonces atacó el campamento romano mientras la mayoría de los soldados estaban fuera robando grano de las granjas cercanas. Los romanos se apresuraron a regresar y atraparon a Perseo en un barranco, matando a ocho mil macedonios y sufriendo cuatro mil bajas propias. En la batalla final de Pidna (168 a. C.), los romanos mataron a veinte mil macedonios y capturaron a once mil.

Los romanos recogieron tanto botín que Roma concedió a sus ciudadanos una enorme reducción de impuestos. La ciudad celebró la asombrosa victoria sobre Macedonia con el triunfo más espectacular de Roma. Las multitudes enloquecían al ver a Perseo encadenado, a los animados soldados con coronas de laurel y los tesoros de Macedonia. El reino de Macedonia quedó bajo el control de Roma y se dividió en cuatro repúblicas.

En 146 a. C., Roma luchó contra la Liga Aquea, sus antiguos aliados que ahora querían expandirse, a pesar de los deseos de Roma. Esta aplastó rápidamente a la liga; en la última batalla en Corinto, Roma capturó o mató a la mayoría de los soldados aqueos y esclavizó a las mujeres y los niños. Los romanos saquearon las valiosas obras de arte de Corinto, las transportaron de vuelta a Roma y dañaron muchas piezas durante el viaje. Roma usurpó el lugar de Grecia como potencia mundial, pero las influencias helenísticas seguirían influyendo en la literatura, la filosofía, el arte y la religión romanas durante siglos.

Capítulo 7: La conquista del Mediterráneo: Las guerras púnicas

«¡Si te vas, me mato!».

Angustiada, la reina Dido observó cómo Eneas preparaba sus naves para partir. Después de que Eneas, antepasado de los romanos, huyera de la ardiente Troya, los dioses lo dirigieron a Italia para construir una nueva ciudad. Pero cuando navegaba hacia el continente italiano, una feroz tormenta obligó a su flota a dirigirse hacia el suroeste, haciendo que las naves desembarcaran en el norte de África. A la mañana siguiente, Eneas caminó por la playa y se encontró con unos hombres que estaban construyendo una ciudad.

Eneas supo que eran fenicios de Tiro, dirigidos por su reina, Dido, y que la nueva ciudad se llamaba Cartago. Cuando Eneas conoció a la reina Dido, se sintieron mutuamente atraídos y se hicieron amantes. Eneas olvidó su destino hasta que Júpiter envió a Mercurio para recordárselo: «¿Por qué pierdes el tiempo en Libia? No es por esto por lo que los dioses te rescataron de los griegos. Estás destinado a gobernar Italia y dar origen a un imperio».

Eneas sabía que no podía desobedecer a los dioses, pero Dido montó en cólera cuando vio que Eneas se disponía resueltamente a partir. Le dijo: «No habrá amor ni tratados entre tu pueblo y el mío. Tus descendientes tendrán luchas interminables con Cartago. Después de mi muerte, te seguiré con fuegos oscuros. Serás castigado, y me enteraré desde las profundidades del Hades».

Mientras los barcos de Eneas se alejaban durante la noche, la reina Dido se sumió en la locura, desenvainó la espada que Eneas había dejado y se la clavó en el pecho[28].

La reina Dido de Cartago maldijo a Eneas antes de suicidarse
https://commons.wikimedia.org/wiki/File:Stallaert-Dido.jpg

Casi un milenio después, la profecía de Dido se cumplió, ya que Roma y Cartago se enfrentaron en tres guerras legendarias durante casi ocho décadas. En la pugna por la soberanía del Mediterráneo, ambos bandos protagonizaron hazañas fantásticas. Roma construyó una armada en dos meses, el ejército de Aníbal escaló los Alpes, de trece mil metros de altura, y Roma aprendió a hacer que los elefantes de guerra se volvieran contra sus amos para pulverizarlos.

El nombre de «guerras púnicas» procede de la palabra latina *Punicus*, que significa fenicio, un pueblo marinero de habla semítica procedente de la costa del Líbano. Los fenicios colonizaron Cartago, en la actual Túnez, en el norte de África. Cartago prosperó enormemente gracias a su comercio marítimo y gobernó un imperio que bordeó el bajo Mediterráneo durante siglos. Pero a mediados del siglo XX a. C., se enfrentó a Roma en una lucha letal por el dominio.

Todo empezó con los piratas. Mercenarios malvados invadieron Mesana (la actual Mesina), en Sicilia, a diez kilómetros al otro lado del estrecho de Mesina desde el sur de Italia. Los mamertinos saquearon los barcos que pasaban por el estrecho, asaltando los campos y ciudades del este de Sicilia durante dos décadas. Finalmente, Hierón II, gobernante

---

[28] Virgilio, *La Eneida, Libro IV*, trad. A. S. Kline (Poetry in Translation, 2002). https://www.poetryintranslation.com/PITBR/Latin/VirgilAeneidIV.php.

de Siracusa, decidió poner fin a sus saqueos. Marchó 160 kilómetros al norte, hacia Mesana, pero los mamertinos se aliaron con Cartago, que tenía una flota cercana, y Hierón se echó atrás.

Para consternación de los piratas, Cartago estacionó tropas en Mesana, reprimiendo sus saqueos. Los mamertinos decidieron buscar la protección de Roma frente a Siracusa y expulsar a la guarnición de Cartago. Aunque dudaba en involucrarse con los bucaneros, Roma estaba ansiosa por impedir el creciente control de Cartago sobre Sicilia. Así, en 264 a. C., los romanos se aliaron con los mamertinos y enviaron dos legiones a Sicilia en su primera campaña militar fuera de las costas italianas.

Preocupado por este giro de los acontecimientos, Hierón se dirigió a Cartago en busca de ayuda contra Roma y los piratas. Lo primero que hizo el comandante cartaginés Hannón fue crucificar al capitán de la guarnición que había abandonado Mesana sin órdenes. A continuación, Hannón navegó con su flota hasta Mesana antes de que las legiones romanas cruzaran el estrecho. Las legiones romanas navegaron de noche, cogieron por sorpresa a cartagineses y siracusanos, derrotando a sus dos fuerzas. Los romanos navegaron por el canal hasta Siracusa, pero Hierón se rindió de inmediato, negociando un acuerdo por el que se aliaba con Roma para mantener su posición como gobernante de Siracusa.

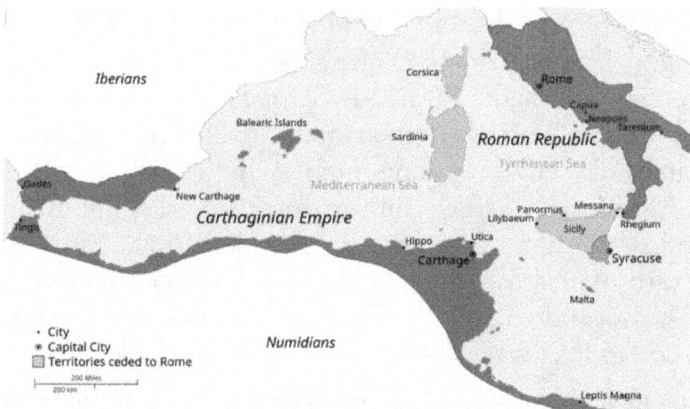

Al comienzo de la primera guerra púnica, el único territorio de Roma era Italia, mientras que el imperio de Cartago abarcaba la costa norte de África y el sur de España

GalaxMaps, CC BY-SA 4.0 <https://creativecommons.org/licenses/by-sa/4.0>, vía Wikimedia Commons; https://commons.wikimedia.org/wiki/File:First_Punic_War_237_BC.png

En 262 a. C., las fuerzas romanas en Sicilia se ampliaron a cuatro legiones dirigidas por ambos cónsules. Conquistaron Agrigento, aliada de Cartago en la costa sureste de Sicilia, y esclavizaron a sus ciudadanos, lo que provocó que otras ciudades sicilianas desertaran a Roma antes que enfrentarse a su ira. En ese momento, Roma se dio cuenta de que enfrentarse a Cartago, la potencia naval suprema del mundo, requería buques de guerra, que construyó a una velocidad vertiginosa.

Mientras las tripulaciones construían cien quinquerremes y veinte trirremes más pequeños, los futuros marineros practicaban el remo al unísono. Los romanos sabían que su inexperiencia los pondría en desventaja frente a las experimentadas maniobras navales de Cartago. Para poner en juego sus habilidades de combate cuerpo a cuerpo, los romanos desarrollaron pasarelas de once metros de largo para engancharse a las naves adversarias y poder abordarlas y luchar hombre a hombre. También llevaban a bordo sus catapultas para disparar proyectiles incendiarios.

Para conmoción de Cartago, la neófita armada romana obtuvo asombrosas victorias en la batalla de Milas y en la de Sulci. En dos años, los romanos construyeron más de cien barcos y una fuerza naval de catorce mil infantes. En la que algunos consideran la mayor batalla naval de la historia, la batalla del cabo Ecnomo, se enfrentaron a la armada de Cartago frente a las costas de Sicilia. Había 680 barcos y 300.000 hombres entre las dos armadas. Tras un prolongado y extraño día de lucha, Roma triunfó sobre Cartago, hundiendo o capturando 94 barcos frente a 24 propios. Cartago perdió al menos 30.000 hombres.

Roma llevó la guerra a África, ganando una batalla terrestre a solo 16 kilómetros de Cartago. Pero los cartagineses se aliaron con los espartanos y lanzaron un contraataque, arrollando a los romanos con cien elefantes de guerra y una unidad de caballería de cuatro mil hombres. Masacraron a doce mil romanos; solo dos mil escaparon para ser recogidos por una flota que llegaba de Roma. Sin embargo, les esperaba otro apocalipsis, ya que un ciclón salvaje hundió 320 de sus 400 barcos, ahogando a 100.000 marineros en uno de los naufragios más mortíferos de todos los tiempos.

Pero los imparables romanos se reagruparon en Sicilia, conquistaron Palermo y esclavizaron a la mayor parte de la población. Triunfaron sobre Cartago en dos batallas más, en 251 y 250 a. C., y enviaron sus elefantes capturados a Roma para diversión de los ciudadanos. Sin embargo, otra brutal tormenta hundió 150 barcos cuando regresaban de la guerra en África. Después, los romanos sufrieron una pérdida degradante cuando Cartago capturó 93 naves más.

Ese último fiasco fue culpa del cónsul Pulcro. Consultó a sus gallinas sagradas en busca de un presagio sobre su planeado ataque sorpresa a Cartago. Pero las gallinas se negaron a comer, dando a entender que sus planes estaban condenados al fracaso. Reacio a aceptar el presagio, Pulcro sentenció: «¡Si no comen, beberán!».

Arrojó las gallinas al mar, graznando y aleteando. Tras su ignominioso desastre naval, Roma lo llamó a juicio, donde se lo acusó de impiedad por ahogar las gallinas sagradas. Una repentina tormenta interrumpió el proceso y los magistrados no volvieron a convocarlo. Sin embargo, el destino se salió con la suya y Pulcro murió poco después[29].

El nuevo almirante de Cartago, Amílcar Barca («rayo»), saqueó las ciudades costeras de Italia y lanzó ataques guerrilleros en Sicilia. Pero Roma construyó rápidamente más barcos y aplastó la fuerza naval de Cartago. Esta se rindió finalmente en 241 a. C., pagando tres mil doscientos talentos de plata y entregando Sicilia a Roma, su primer territorio de ultramar. Los romanos adquirieron rápidamente la isla de Cerdeña, que se deshizo de sus señores cartagineses al final de la primera guerra púnica.

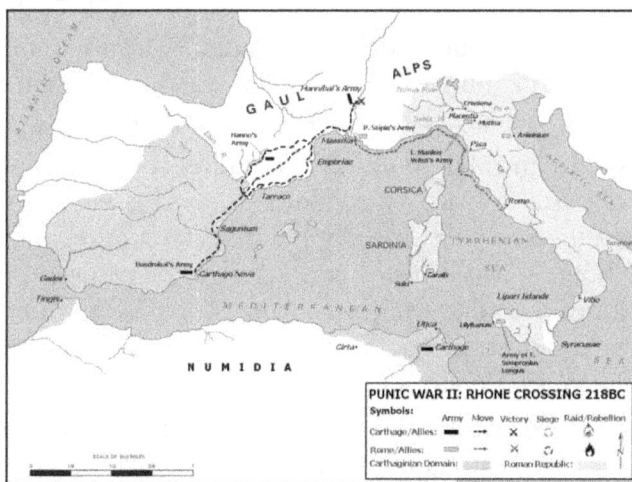

Cuando comenzó la segunda guerra púnica, Cartago controlaba parte de la costa norteafricana y la mayor parte de España. Roma controlaba Italia y las islas de Sicilia, Cerdeña y Córcega

Maglorbd en Wikipedia en inglés, CC BY-SA 3.0 <https://creativecommons.org/licenses/by-sa/3.0>, vía Wikimedia Commons; https://commons.wikimedia.org/wiki/File:PW2_Rhone_218BC.PNG

---

[29] Paul Sheridan, "The Sacred Chickens of Rome", *Anecdotes from Antiquity* (8 de noviembre de 2015). http://www.anecdotesfromantiquity.net/the-sacred-chickens-of-rome.

La segunda guerra púnica comenzó en Iberia (España), donde Cartago tenía colonias desde hacía siglos. Tras la primera guerra púnica, Amílcar Barca expandió el control de Cartago desde la región costera hasta la mayor parte de la actual España. Esto enriqueció a Cartago, ayudándola a recuperarse económicamente y a renovar sus recursos militares. En el año 221 a. C., el ejército de Cartago nombró comandante en jefe al hijo de Amílcar, Aníbal, al ver el fuego de su padre en sus ojos.

Algunas ciudades hispanas se resistieron a Cartago, entre ellas Sagunto, aliada comercial de Roma. Habían estado enviando mensajes a Roma sobre el creciente poder de Aníbal, pero Roma estaba distraída por los macedonios. Aníbal atacó Sagunto en 219 a. C., tomando la ciudad y matando a todos los adultos. Esta atrocidad provocó la declaración de guerra de Roma a Cartago, dando comienzo a la segunda guerra púnica. El general Escipión el Africano se dirigió a España con sesenta barcos de guerra, pero Aníbal había desaparecido.

Al frente de 90.000 soldados, 12.000 jinetes y 37 elefantes de guerra, Aníbal había marchado por la costa española y escalado los Pirineos, de 3.000 metros de altura. Tras ello, se encontraba en la Galia (Francia) y se dirigía hacia los Alpes. Al recibir la noticia de que los galos planeaban un ataque en la orilla opuesta del río Ródano, el lugarteniente de Aníbal, Hannón, dirigió un contingente de tropas cuarenta kilómetros río arriba. Cruzaron el río y se acercaron sigilosamente al campamento galo.

Los galos estaban totalmente obsesionados con el ejército de Aníbal en la orilla opuesta del río, especialmente con los elefantes, que nunca habían visto. Observaron cómo Aníbal cargaba a su ejército, caballos y animales en botes y balsas, listo para atacar a los cartagineses en cuanto estuvieran al alcance de sus flechas y lanzas. En ese momento, Hannón dirigió un ataque sorpresa desde su retaguardia, arrollándolos y dispersándolos por las colinas.

Los Alpes Isère, de 4.000 metros de altura, se interponían entre Francia e Italia, y los cartagineses tenían que cruzarlos antes de las nieves de diciembre. Se abrieron paso por el empinado paso con sus caballos y elefantes, esquivando las rocas lanzadas desde lo alto por los amenazantes montañeses. Dejaron atrás a sus agresores en el descenso, pero el terreno era aterrador, con senderos estrechos y resbaladizos por el hielo y la nieve profunda. De vez en cuando, alguien pisaba mal y caía en caída libre un kilómetro y medio hasta las escarpadas piedras de abajo.

Entonces, los cartagineses doblaron una curva y se encontraron con un corrimiento de tierras que cubría el camino; la nieve profunda les impedía seguir avanzando. Los soldados retiraron laboriosamente las rocas para que los caballos, las mulas y los elefantes pudieran cruzar. Los caballos y las mulas treparon primero, trotando hasta la línea de árboles, donde por fin encontraron hierba. Pero los famélicos elefantes tuvieron que esperar tres días más antes de que el camino fuera lo bastante seguro para que pudieran maniobrar.

La brutal caminata de Aníbal por los Alpes le proporcionó el elemento sorpresa
PMRMaeyaert, CC BY-SA 4.0 <https://creativecommons.org/licenses/by-sa/4.0>, vía Wikimedia Commons; https://commons.wikimedia.org/wiki/File:PM_110453_Liebig_Chromos.jpg

Aníbal perdió dos tercios de su ejército, la mitad de su caballería y un número desconocido de elefantes en los enfrentamientos con los galos y en el peligroso paso por los Alpes[30]. Pero cuando descendió a Italia, los galos, que habían emigrado siglos antes y habían saqueado Roma en el 390 a. C., rápidamente unieron sus fuerzas a las suyas. Los romanos pensaban que Aníbal estaba en algún lugar de España o Francia, pero los pilló desprevenidos cuando apareció de repente en su frontera septentrional.

Aníbal sembró el caos con una estrategia de tierra quemada por toda Italia, destruyendo cultivos y otros recursos. En la batalla del lago Trasimeno, en el centro de Italia, en 217 a. C., mató o capturó a 25.000 hombres. Roma tenía ventaja numérica, pero Aníbal tenía tácticas ingeniosas y un espíritu indomable. En la batalla de Cannas (216 a. C.),

---

[30] Polibio, *Historias, Libro III.*

en el sur de Italia, mató a 50.000 romanos y solo perdió a 5.700 de los suyos. Mientras que el centro de Italia apoyaba incondicionalmente a Roma, las ciudades-estado del sur se pasaron a Cartago.

Roma finalmente se unió, cortando los suministros y la mano de obra cartagineses que entraban en Italia. El general Escipión, que seguía en Iberia, obtuvo un triunfo asombroso en 209 a. C. al hacerse con el control de la red de suministros y el tesoro de Cartago. Los romanos, extasiados, eligieron a Escipión como nuevo cónsul. África se convirtió en su próximo objetivo. Con 440 naves, se dirigió a Cartago y atacó en plena noche, dividiendo sus fuerzas y atacando a los cartagineses por ambos flancos.

Tras la derrota de Cartago, sus aliados bereberes númidas se pasaron al bando romano. La caballería de Escipión había superado a los expertos jinetes númidas, y querían estar en el bando ganador. En la batalla final de Zama, Aníbal regresó a África en el 202 a. C. para defender Cartago de Escipión. Los romanos superaban en número a los cartagineses, aunque estos se defendieron con ferocidad.

Ochenta elefantes de guerra decidieron la batalla. Aníbal los envió en una embestida hacia los romanos, pero Escipión ya tenía experiencia con los elefantes. Ordenó a sus hombres que se hicieran a un lado, permitiendo que los elefantes cargaran hasta la retaguardia de las líneas romanas. Los romanos rodearon a las criaturas con sus lanzas y las enviaron hacia los cartagineses en un contraataque. Mientras los cartagineses estaban ocupados apartándose del camino de los elefantes, la caballería romana y bereber se abalanzó sobre la retaguardia de Aníbal. Atraparon a sus fuerzas contra la infantería romana, con los elefantes creando el caos en medio.

El día terminó con una espectacular victoria de Roma, con Cartago perdiendo veinte mil hombres frente a los cinco mil de Roma. Cartago se rindió, poniendo fin a la segunda guerra púnica con la disolución de su armada y acordando no luchar contra nadie sin el permiso de Roma. Cartago conservó sus territorios del norte de África, excepto Numidia, pero perdió España y otras posesiones en alta mar. Pagó doscientos talentos de oro para los gastos de guerra de Roma y tributos anuales durante los cincuenta años siguientes.

Aníbal permaneció en Cartago como primer magistrado e intentó reformar el sistema político de la ciudad. Estableció la elección directa de los funcionarios y la limitación de mandatos, y eliminó el uso indebido de los fondos estatales. Pero los esfuerzos reformistas de Aníbal le granjearon enemigos en Cartago. Cuando Roma empezó a sospechar que Aníbal estaba en connivencia con el Imperio seléucida, Aníbal decidió abandonar la ciudad y pasó el resto de su vida en Asia. Durante las cinco décadas siguientes, Cartago mantuvo su tratado y pagó tributo a Roma. Cartago le proporcionó cebada y grano, e incluso se alió con Roma en ocasionales expediciones militares. Pero se avecinaban problemas para las dos grandes ciudades.

Capítulo 8: La tercera guerra púnica y la caída de Cartago

«¡No es justo! No podemos defendernos», se lamentaban desesperados los cartagineses.

Numidia (la actual Argelia y Libia occidental) rodeaba Cartago por el oeste y el sur, y era aliada de Roma. El rey de Numidia, Masinisa, aprovechó esta alianza para invadir el territorio de Cartago, reduciéndolo a la mitad. Cartago no podía hacer nada. El tratado con Roma estipulaba que no podía luchar contra nadie sin el permiso de Roma. Pero Roma, que estaba secretamente complacida de que su otrora mayor rival estuviera perdiendo territorio rápidamente, no permitiría que Cartago luchara contra un aliado romano.

Finalmente, los desesperados cartagineses no pudieron contenerse más. Si no hacían algo, ¡lo perderían todo! Cuando el rey Masinisa atacó descaradamente la ciudad cartaginesa de Oroscopa, Cartago reunió 31.000 soldados para defender su territorio. Pero después de cincuenta años, Cartago había perdido la práctica en el arte de la guerra. Subestimaron a su enemigo, asumiendo que los númidas eran una tribu indisciplinada del desierto, cuando Masinisa había formado una fuerza regimentada con una táctica y una logística sensacionales.

Masinisa trasladó astutamente la batalla a terrenos desérticos escarpados, donde había poca agua y alimentos. Finalmente, el hambriento y deshidratado ejército cartaginés se rindió. Pero los númidas ignoraron su rendición y los masacraron. Los guerreros de

Cartago nunca salieron de sus fronteras; solo se defendían de Numidia. Incluso entonces, fracasaron miserablemente. Pero no pidieron ni recibieron permiso de Roma. Así que, técnicamente, habían roto su tratado.

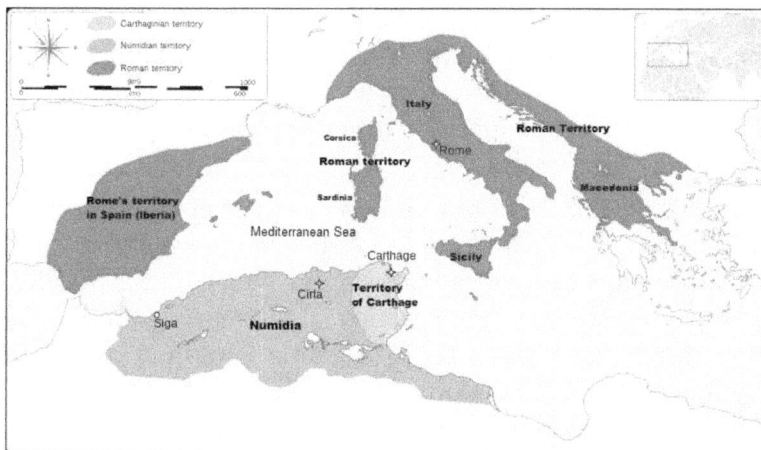

Roma controlaba la mayor parte del Alto Mediterráneo, y Numidia rodeaba Cartago al comienzo de la tercera guerra púnica

«¡*Carthago delendam est*!» gritó Catón. «¡Cartago debe ser destruida!».

Dos años antes, Catón el Viejo había visitado Cartago con algunos compañeros senadores para solucionar los problemas con Numidia. Catón estaba asombrado por la asombrosa riqueza de Cartago. Esta siempre había sido un centro comercial vital. Ahora que ya no financiaba una armada y no gastaba una fortuna en campañas militares, había recuperado su antiguo esplendor. Para Catón, la ostentosa prosperidad de Cartago representaba una tremenda amenaza para Roma.

No es que Cartago hubiera hecho algo terrible. Roma recibía su tributo anual puntualmente, y Cartago solo había mostrado respeto a Roma. No era lo que Cartago había hecho; era lo que podía hacer con tan enorme riqueza, como construir o comprar una flota naval y contratar una legión de guerreros mercenarios. Y así, el octogenario Catón terminaba cada discurso en el Senado con «¡*Carthago delenda est*!» (Cartago debe ser destruida).

Los senadores más jóvenes, los nacidos después de la segunda guerra púnica, sonreían y ponían los ojos en blanco cuando el veterano de la segunda guerra púnica despotricaba. Cartago no tenía armada y su ejército era una broma. No representaba ninguna amenaza para Roma. Y, de todos modos, un poco de miedo era bueno para la república: mantenía a todo el mundo alerta. Los senadores más jóvenes asintieron enérgicamente cuando Córculo, yerno de Escipión el Africano, respondió a Catón terminando sus discursos con un «¡*Carthago servanda est*!» (Cartago debe ser salvada).

Pero el alarmismo de Catón empezó a agitar el concepto romano de «guerra justa». Para los romanos, la justificación de la guerra incluía algo más que la defensa de la república contra los ataques. También podía incluir la percepción de menoscabos al prestigio romano. Desde la rendición de Cartago durante la segunda guerra púnica, no había supuesto una amenaza para Roma ni para nadie más. Pero Catón atizaba regularmente el miedo en la mente de los romanos, a pesar de todas las pruebas en contra. Circulaban rumores de que Cartago estaba talando madera para construir una nueva flota naval. Los cartagineses talaban árboles, pero para construir barcos mercantes, no buques de guerra[31].

Y ahora, parecía que las terribles predicciones de Catón se estaban haciendo realidad. Cartago se había atrevido a ir a la guerra sin permiso. ¡Violaron el tratado y atacaron a un aliado! No importaba que hubieran actuado en defensa propia y sufrido una pérdida horrenda. Su insubordinación y su acción militar contra un aliado romano insultaban el honor y el prestigio de Roma. Había que hacer algo.

Cartago envió a sus embajadores a Roma para explicar lo sucedido: solo habían luchado en defensa propia y habían perdido la mayor parte de su ejército en la debacle. Pero Roma ya había decidido que tenía motivos para una guerra justa. Respondieron a los cartagineses: «Envíennos trescientos niños de su nobleza como rehenes y quizá entonces consideremos las condiciones de paz».

Los embajadores comunicaron la noticia al pueblo, que protestó: «¿Cómo íbamos a entregar a trescientos de nuestros hijos? Quién sabe lo que les harían los romanos».

---

[31] Robert J. Kane, "The Third Punic War: An Intelligence Failure from Antiquity", *American Intelligence Journal* 36, no. 1 (2019): 162-63. https://www.jstor.org/stable/27066349.

Pero, angustiados, entregaron a Roma a trescientos de sus hijos. ¿Los volverían a ver? ¿Y serviría de algo? Las estipulaciones de los romanos no hicieron más que crecer. En 149 a. C., Roma envió ochenta mil soldados y cuatro mil unidades de caballería a África, exigiendo la rendición incondicional de Cartago. «Deben paralizar su ejército, retirar a sus militares y entregar todas sus armas».

Los cartagineses se enfurecieron: «¡No pueden pensar en serio que renunciaremos a nuestro ejército y nos desarmaremos! ¿Cómo nos protegeríamos?».

Pero, así como habían entregado a sus hijos, entregaron sus armas. Entregaron 200.000 armaduras de cota de malla y 2.000 catapultas. Entonces llegó el ultimátum final de los romanos: «Oh, una cosa más: abandonen Cartago. Pueden reasentarse tierra adentro, pero deben estar al menos a quince kilómetros de la costa».

Cuando los enviados llevaron la noticia a Cartago, los ciudadanos se enfurecieron. «¿Abandonar Cartago? Este ha sido nuestro hogar durante mil años. Perderíamos nuestro puerto, ¿cómo podríamos seguir comerciando? Acabaríamos sumidos en la pobreza. Nuestras murallas nos protegen aquí. ¿Nos asentaríamos tierra adentro? ¿En el desierto? ¿Sin protección de los bereberes? ¿Cómo podríamos sobrevivir?».

Los cartagineses se negaron y las legiones romanas se dirigieron a Cartago, dando comienzo a la tercera guerra púnica. La ciudad de Cartago se asentaba sobre un trozo de tierra que sobresalía en el golfo de Túnez, protegida al sur por el lago de Túnez. Una muralla de 37 kilómetros rodeaba la ciudad. Los 5 kilómetros de muralla de ladrillo que daban a tierra firme tenían 13 metros de altura y 9 metros de grosor. Delante de la muralla había un foso de 18 metros de ancho. Ningún ejército penetró jamás ese tramo de muralla. Los romanos lo intentaron, pero desistieron al comienzo de la tercera guerra púnica. En su lugar, se centraron en cortar las líneas de suministro entre Cartago y sus aliados.

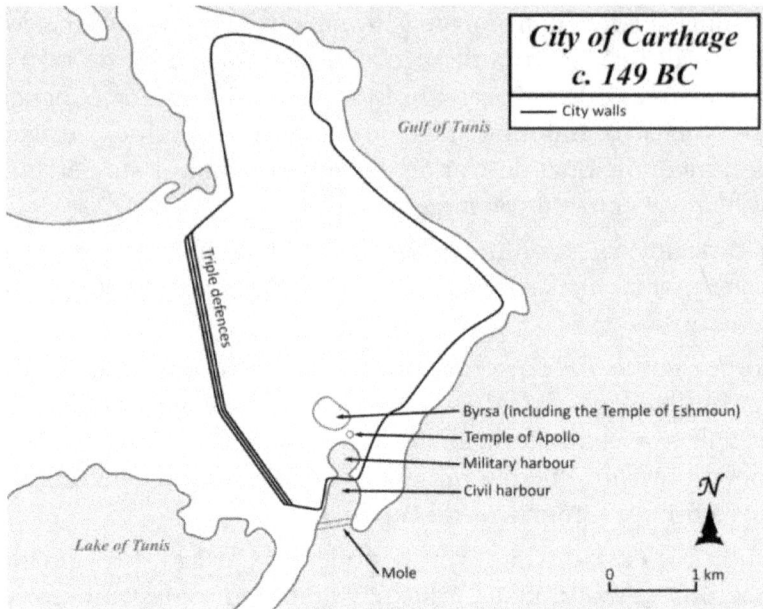

Cartago se encontraba en un istmo con impenetrables murallas triples frente a tierra firme
Harrias, CC BY-SA 4.0 <https://creativecommons.org/licenses/by-sa/4.0>, vía Wikimedia
Commons; https://commons.wikimedia.org/wiki/File:City_of_Carthage_circa_149_BC.png

La mayor parte de nuestra información sobre la tercera guerra púnica procede del historiador griego Polibio. También fue rehén, entre los cerca de mil que Roma exigió a la recién conquistada Liga Aquea. Llegó a Italia desde Grecia al mismo tiempo que los niños rehenes de Cartago[32]. Polibio entabló amistad con Escipión Emiliano, nieto adoptivo de Escipión Africano, el héroe de la segunda guerra púnica. Tras ser liberado de su cautiverio, Polibio acompañó a Escipión a África, entrevistándose tanto con los romanos como con los cartagineses mientras registraba la historia de la guerra.

El asedio de Cartago duró casi tres años. Cartago liberó a todos los esclavos dispuestos a luchar por la ciudad y reunió un ejército de veinte mil hombres. Para sorpresa de los romanos, los cartagineses no habían renunciado a todas sus armas o las habían vuelto a acumular algunas. Dirigidos por el general Asdrúbal, los cartagineses interrumpieron las líneas de suministro romanas y atacaron a pequeñas bandas de romanos que buscaban comida en las regiones agrícolas de los alrededores de la ciudad.

---

[32] Polibio, *Historias*, Libro 36.

El ejército romano se dividió en dos contingentes, cada uno con una misión específica. Una legión debía rellenar el foso frente a la gran muralla para poder escalarla. El otro grupo debía acercarse a la muralla más pequeña frente al lago y subir escaleras desde sus barcos para escalar los muros. Ambos intentos fracasaron. El siguiente plan era rellenar la orilla del lago de Túnez justo al lado de las murallas para poder rodar sus máquinas de asedio cerca de ellas. Construyeron dos arietes y consiguieron derribar parte de la muralla que daba al lago de Túnez, pero los cartagineses lucharon ferozmente, alejando a los romanos de la brecha. Esa noche, se escabulleron de la ciudad y quemaron muchas de las máquinas de asedio romanas.

Los cartagineses recibieron una agradable tregua cuando el contingente romano del lago de Túnez enfermó a causa de los pantanos plagados de mosquitos, el calor de julio y la escasez de agua potable. El comandante decidió alejar a sus hombres del pantano y trasladarlos a la orilla del golfo, donde había más aire fresco y menos insectos. Una vez recuperados, los hombres empezaron a concentrarse en el puerto de Cartago. Cartago tenía un puerto protegido para sus barcos mercantes. Sus buques de guerra pasaban por el primer puerto a un segundo puerto circular más seguro.

Cartago tenía un puerto para barcos mercantes (abajo a la izquierda) y un puerto interior redondo para barcos militares al que se accedía a través del primer puerto

A pesar de la vigilancia de los romanos, los barcos de suministro de los aliados fenicios de Cartago se las ingeniaban continuamente para eludir el bloqueo. Los fenicios llevaban casi dos milenios navegando por el mar; tal vez fueran los primeros navegantes de larga distancia del mundo. Sus barcos eran más rápidos que los romanos y podían maniobrar con mayor facilidad. Con sus superiores habilidades marinas, Cartago seguía recibiendo envíos regulares de alimentos, armas y otros artículos de primera necesidad.

El traslado del campamento romano los situó más cerca del puerto de Cartago, lo que al principio consideraron una ventaja porque podían vigilar cualquier barco que intentara entrar o salir. Pero los intrépidos cartagineses utilizaron buques de guerra contra ellos. Se trataba de naves viejas cerca del final de su vida útil, que llenaban de maleza y cubrían de alquitrán. Navegaban hasta el puerto, prendían fuego a los barcos y saltaban rápidamente. Lanzaban los barcos incendiarios en coordinación con el viento y la marea para que navegaran directamente hacia la flota romana, chocando contra sus naves e incendiándolas. Los cartagineses diezmaron rápidamente la flota romana utilizando esta táctica.

Lo que Roma esperaba que fuera una rápida victoria se estaba convirtiendo en un prolongado asedio en el que no parecían poder obtener ninguna ventaja. Lo que es peor, las demás ciudades fenicias de la costa africana, excepto Útica, se negaron a someterse, al igual que las ciudades más pequeñas del territorio de Cartago. Para colmo, una de las tribus númidas, liderada por su rey, Bithyas, desertó a Cartago, enviando ochocientas unidades de caballería para luchar contra los romanos. Para entonces, el rey Masinisa de Numidia había muerto. Sus dos hijos aseguraron a Roma que enviarían dinero y armas, pero no lo hicieron. Parecían estar esperando a ver cómo se desarrollaban los acontecimientos en la lucha entre Roma y Cartago[33].

De vuelta a Roma, los senadores estaban furiosos porque los asuntos de Cartago seguían alargándose. Era el momento de elegir a los nuevos cónsules para el típico mandato de un año. El público exigió que se eligiera a Escipión Emiliano, a pesar de que era más joven que la edad requerida de cuarenta y un años. Era nieto de Escipión el Africano, a quien muchos consideraban el comandante militar más estelar de la historia. Después de todo, fue el general que derrotó a Aníbal y puso fin a la segunda guerra púnica.

---

[33] Appian. *Punic Wars.*
http://www.perseus.tufts.edu/hopper/text?doc=Perseus%3Atext%3A1999.01.0230%3Atext%3DP un.%3Achapter%3D16%3Asection%3D111.

Tras ser elegido y enviado a Cartago, Escipión el Africano no perdió el tiempo y se ocupó de los problemas que habían estancado a sus predecesores. Construyó una calzada a través de la entrada del puerto de Cartago, impidiendo la entrada y salida de cualquier barco. Fuera de la vista en el puerto militar, los cartagineses estaban construyendo subrepticiamente cincuenta nuevos barcos. Cuando terminaron la construcción, rompieron su propio muro para abrir una nueva entrada al puerto. Los cincuenta barcos zarparon para enfrentarse a la flota romana. Debido a la ventaja de la sorpresa de los cartagineses, la batalla fue a su favor hasta que intentaron volver a entrar por su nueva y estrecha entrada al puerto al final del día. Rápidamente atascaron la pequeña entrada, y la corriente dominante empujó a muchos de ellos contra el dique, dañando los barcos irreparablemente o dejándolos vulnerables ante los romanos.

Las catapultas de Escipión Emiliano arrojaron rocas contra las murallas y las rampas de aporreo las golpearon, pero los muros no se movieron. Se centró en las murallas del puerto, que no eran tan gruesas como las de tierra firme. Los cartagineses se escabullían por la noche, cruzando a nado el puerto para prender fuego a las máquinas de asedio, pero los romanos las reparaban o reconstruían rápidamente. Los romanos también controlaban la nueva entrada al puerto, impidiendo la entrada de suministros y alimentos.

En la primavera de 146 a. C., los romanos consiguieron finalmente entrar en la ciudad. En un ataque nocturno, algunos soldados jóvenes escalaron una torre de ladrillo que los romanos habían pasado meses construyendo cerca de la muralla. Lanzaron una larga pasarela hacia las murallas. Una vez dentro de la ciudad, abrieron las puertas al ejército romano y cuatro mil soldados entraron en tropel. Los habitantes de la ciudad, desorientados y asustados por los gritos de los soldados, se lanzaron a las calles con las armas que tenían para defender la ciudad.

Los romanos se abrieron paso a través de Cartago durante seis días y seis noches, tomando cada calle y cada casa hasta que todos los ciudadanos escaparon, fueron derribados o perecieron en los edificios mientras ardían. Agotado, Escipión Emiliano subió a un alto acantilado para contemplar la antigua ciudad reducida a cenizas. Lloró al recordar el vasto imperio de Cartago, su asombrosa riqueza, sus enormes flotas y sus elefantes. Honró la valentía con la que los cartagineses habían defendido su ciudad durante tres años, para acabar con su destrucción total. Reflexionó sobre el ascenso y la caída de su ancestral Troya, y volvió a llorar mientras profetizaba la caída de Roma en el futuro. La destrucción de Cartago era completa. Nunca más prosperarían los cartagineses y gobernarían las olas desde su reluciente ciudad. Con toda la competencia eliminada, Roma tenía ahora el poder total sobre el Mediterráneo occidental.

TERCERA PARTE:
Consecuencias y legado
(120-40 a. C.)

Capítulo 9: Las guerras galas

—¡Señor! ¡Tenemos noticias! Los helvecios están en marcha»

Julio César se dio la vuelta.

—¿Los Helvecios? Creía que habían abandonado su plan de emigrar. ¿Hacia dónde se dirigen?

—¡Directamente hacia nosotros, señor! Planean cruzar el puente en Ginebra.

—¡Entonces tendremos que reunir las tropas y marchar a paso ligero hacia Ginebra!

—Sí, señor. Y lamento que esto ocurra justo después de que llegó.

—Oh, no lo lamentes. —César sonrió—. Esto encaja perfectamente en mi agenda.

Julio César, descendiente de una antigua familia aristocrática romana, fue estadista, guerrero y escritor. Mientras luchaba en la Galia (Francia y partes de Bélgica, Alemania occidental y norte de Italia), escribió un relato en ocho volúmenes de sus experiencias en la guerra de las Galias[34]. A medida que terminaba cada libro, lo enviaba a Italia, manteniendo a Roma al corriente de su campaña con una narración coherente de sus victorias sobre el inmenso territorio[35].

---

[34] Julio César, *La guerra de las Galias*, trad. W. A. McDevitte y W. S. Bohn (The Internet Classics Archive). http://classics.mit.edu/Caesar/gallic.1.1.html.

[35] Josiah Osgood, "The Pen and the Sword: Writing and Conquest in Caesar's Gaul", *Classical Antiquity* 28, no. 2 (2009): 328. https://doi.org/10.1525/ca.2009.28.2.328.

Plinio contaba que César era un ávido multitarea, con al menos un esclavo siempre a su lado como secretario que transcribía rápidamente los rápidos dictados de César. Cuando César oía o leía informes del campo de batalla o cartas de Roma, dictaba varias cartas a la vez a distintos destinatarios. Viajaba en su silla de manos para inspeccionar campamentos, guarniciones y ciudades, con su esclavo siempre a su lado, tomando dictados.

En el 59 a. C., César se convirtió en uno de los dos cónsules de Roma, siendo Bíbulo el otro. Bíbulo fue literalmente víctima de la política sucia, ya que César organizó a sus secuaces para tirarlo al suelo y verter excrementos sobre él cuando intentó bloquear un proyecto de ley. Humillado, Bíbulo permaneció en casa el resto del año como cónsul títere mientras César movía los votos de los senadores. Al final de su consulado de un año, el Senado nombró a César procónsul y gobernador de la Galia Cisalpina y la Galia Transalpina por un periodo de cinco años.

Escultura de Julio César por Andrea di Pietro di Marco Ferrucci, hacia 1512
Museo Metropolitano de Arte, CC0, vía Wikimedia Commons;
https://commons.wikimedia.org/wiki/File;Julius_Caesar_MET_267739.jpg

La Galia Cisalpina era la región más septentrional de Italia. Cisalpino significa «este lado de los Alpes». Siglos antes, los celtas cruzaron los Alpes hacia Italia y saquearon Roma en el 390 a. C., pero los italianos acabaron obligándolos a regresar al norte de Italia. La Galia transalpina, al otro lado de los Alpes, en el actual sureste de Francia, se convirtió en provincia romana en 118 a. C. Para entonces, los celtas de la Galia ya estaban construyendo ciudades y enriqueciéndose gracias al comercio con Roma. Sin embargo, seguían siendo guerreros feroces y poderosos, con grandes habilidades para la lucha y un físico imponente.

Al final de su mandato, un cónsul podía ser procesado por abuso de poder. César se había saltado algunas reglas y había abusado de su cocónsul, por lo que conseguir un cargo de gobernador en el extranjero lo mantenía inmune a la acusación. Las campañas militares victoriosas aumentarían su prestigio y su poder político, además de enriquecerlo con los botines de guerra. César se dirigió a la Galia con cuatro legiones, veteranos a los que ya había conducido a la batalla como gobernador de Hispania tres años antes.

En sus guerras galas, César describe tres confederaciones tribales principales en la Galia: los belgas del norte, los aquitanos del suroeste y los celtas de la Galia Transalpina central. Según él, cada grupo tribal tenía su propia lengua y cultura distintiva. En opinión de César, los belgas eran los más valientes de los tres porque estaban alejados de la civilización y de las cosas que «tienden a afeminar la mente». Además, estaban en guerra constante con los germanos, lo que los mantenía en excelente forma para la lucha. Un cuarto grupo era el de los helvecios celtas, que habían sido expulsados del sur de Alemania por los germanos teutónicos hacia la actual Suiza septentrional.

Las regiones de la Galia en tiempos de Julio César

El historiador griego Posidonio describe a los helvecios como un pueblo pacífico que se enriqueció gracias a la búsqueda de oro en los ríos. Varios años antes, uno de sus nobles, Orgétorix, convenció a muchos de los helvecios de que debían emigrar a la Galia y establecer un reino en la costa. En aquel momento, los helvecios eran una confederación gobernada por líderes locales, pero Orgétorix quería unir a todas las tribus con él como rey. Los magistrados de las tribus aplastaron la idea y Orgétorix murió, al parecer de suicidio.

Cuando los romanos se enteraron de esta noticia, pensaron que la situación estaba resuelta. Sin embargo, en marzo del 58 a. C., justo cuando Julio César asumió la gobernación de la Galia, los helvecios incendiaron sus hogares y tierras de cultivo en unas doce ciudades y cuatrocientas aldeas. César dijo que 368.000 helvecios comenzaron a caminar hacia el oeste, llevando provisiones para tres meses. Varias tribus vecinas se les unieron, destruyendo también sus hogares antes de partir.

La mejor ruta para llegar a la costa atlántica era atravesar la parte romana de la Galia. Se dirigieron a la ciudad de Ginebra, donde un puente cubría el río Ródano. Los alóbroges de Ginebra no tenían fuertes lazos con los romanos, y los helvecios pensaron que los dejarían cruzar. Si no, forzarían el paso por el puente. Pero la legión de César llegó primero y ordenó a los ginebrinos que derribaran el puente.

Los helvecios enviaron embajadores a César. Le dijeron: «Señor, queremos atravesar tu provincia sin causarle ningún daño. Este es el único camino a nuestro destino. Por favor, dé su consentimiento».

Pero César recordó un incidente ocurrido cinco décadas antes, cuando era solo un niño. La tribu de los tigurinos, parte de la confederación de los helvecios, estaba de rapiña por la Galia. El cónsul de la época, Lucio Casio Longino, los había perseguido hasta el océano Atlántico, pero los tigurinos le tendieron una emboscada y acabaron con él y diez mil de sus legionarios. Los tigurinos obligaron a los romanos supervivientes a «pasar bajo el yugo» de las lanzas, una humillación ritual[36].

César se reclinó y se frotó la barbilla. Dudaba que los helvecios atravesaran su provincia sin causar problemas y no tenía intención de acceder a su petición. Pero necesitaba tiempo para que llegaran el resto

---

[36] César, *La Guerra de las Galias*, Libro 1, Capítulo 7.

de sus soldados. «Necesito unos días para considerar su petición. Vuelvan en los idus de abril y entonces les daré mi respuesta».

En las dos semanas siguientes, César puso a sus hombres a trabajar en la construcción de una muralla de cinco metros de alto y 29 kilómetros de largo a lo largo del lago Lemán. Designó guarniciones y puestos de guardia a lo largo del río Ródano para impedir que los helvecios lo cruzaran. Cuando los helvecios volvieron por su respuesta, les dijo que no podían cruzar. Intentaron pasar en barca o vadeando una parte poco profunda del río, pero los romanos estaban en alerta y frustraron sus intentos.

Los helvecios negociaron una ruta alternativa a través del territorio de la tribu de los sécuanos|. Los helvecios y los sécuanos intercambiaron rehenes, comprometiéndose a que los helvecios tendrían un paso seguro si respetaban el territorio sécuano. César los alcanzó justo cuando cruzaban el río Saona, de curso lento. César masacró a los que quedaron atrás, construyó un puente de pontones y cruzó. Persiguió a los helvecios y se enfrentó a ellos en la terrible batalla de Bibracte, en la que mató a dos tercios de los helvecios.

El siguiente desafío para César fue la tribu germánica de los suevos, que cruzaba el Rin hacia la Galia. Para entonces, César había regresado brevemente a Italia para reunir dos legiones más, con lo que contaba con seis legiones en la Galia. Se enfrentó al ejército suevo y lo puso en fuga, matando a la mayoría de sus soldados y persiguiendo a los que quedaban hasta el otro lado del río; nunca más volverían a desafiar a Roma. Las victorias de César contra los helvecios y los suevos hicieron que muchas tribus galas se aliaran con Roma. Se enfrentó a los incursores belgas (de la actual Bélgica) circunnavegándolos y atacando su principal ciudad. Los belgas volvieron a su ciudad por la noche, pero no estaban preparados para el asedio romano y se rindieron rápidamente.

César tuvo que hacer frente a un embarazoso revés en la batalla del Sabis contra los nervios, otra tribu belga. Con sesenta mil hombres, los nervios atacaron por sorpresa a los romanos mientras acampaban. Dos de las legiones de César estaban aún a quince kilómetros de distancia. Los romanos pusieron en juego su disciplina militar contra los nervios, más desorganizados, haciendo retroceder a parte de los nervios al otro lado del río. Pero los nervios restantes flanquearon el ala derecha de los romanos y capturaron el campamento romano desguarnecido. César saltó al frente para luchar contra la embestida. Las dos legiones restantes de César aparecieron justo a tiempo para cambiar el rumbo de la batalla y expulsar a los nervios restantes.

En el año 56 a. C., las fuerzas romanas chocaron con los marinos venecianos del norte de la península de Bretaña cuando estos apresaron a los oficiales romanos que acudían a recoger requisas de grano. Los romanos tenían poca experiencia en el bravío océano Atlántico, pero César puso a sus hombres a construir barcos para enfrentarse a los venecianos en una batalla naval. Los romanos no salieron bien parados, ya que los venecianos tenían más pericia marina y los superaban fácilmente en maniobras.

Finalmente, Roma se impuso en la batalla de Morbihan, ya que la mejora del tiempo les permitió emplear las habilidades navales que habían perfeccionado en las guerras púnicas. Utilizaron garfios para destruir las velas y aparejos de los venecianos, y acercar sus naves lo suficiente como para golpear con su pasarela los barcos enemigos y abordarlos. A continuación, los romanos ejercieron sus superiores habilidades de combate, luchando hombre a hombre, y destruyeron la flota veneciana.

Mientras César luchaba en el mar, sus generales, Craso y Sabino, se enfrentaron a Normandía y Aquitania. Sabino derrotó fácilmente a las tribus coaligadas de Normandía obligándolas a acercarse a su ejército en una penosa subida. Estaban demasiado cansados para luchar cuando llegaron a la cima. Craso se enfrentó a más dificultades en Aquitania, ya que estas tribus se habían aliado previamente con los romanos y conocían sus estrategias y trucos. Finalmente, Craso lanzó un ataque sorpresa por la retaguardia contra su campamento, que solo estaba fortificado por delante. La consiguiente victoria llevó el suroeste de la Galia a la República romana. A finales del 56 a. C., el Senado concedió a César otros cinco años de gobierno en la Galia.

En el 55 a. C., César llevó a cabo dos hazañas que llamaron la atención para ganar prestigio de vuelta en Roma: cruzar el Rin y cruzar el canal de la Mancha hasta Britania. El Rin dividía Alemania de la Galia y, una vez más, las tribus germánicas estaban obligando a los celtas a salir de Alemania y entrar en la Galia. La batalla inicial terminó con los celtas derrotando a los aliados galos romanos, a pesar de ser superados en número cinco a uno. Avergonzado, César atacó su campamento base indefenso y masacró a miles de mujeres y niños, obligando al Senado de Roma a procesarlo por crímenes de guerra. El proceso fue inútil, ya que

César era inmune mientras ejerciera como gobernador de la Galia. César lanzó entonces una incursión de dieciocho días en Alemania, construyendo un puente de madera sobre el Rin y quemando el puente a su regreso.

César cruzó el canal de la Mancha hacia Britania en agosto con dos legiones, pero los britanos estaban alineados en la orilla esperándolo. Intentó remontar la costa, pero lo siguieron. Finalmente, el portaestandarte se adelantó saltando al mar y vadeando la orilla para plantar el estandarte romano en la costa de Britania. Los soldados romanos se lanzaron tras él para proteger el estandarte. Tras una batalla corta e indecisa, los romanos regresaron a la Galia para pasar el invierno.

César pasó el invierno ideando un asalto más organizado a Britania, cruzando el canal en el 54 a. C. con cinco legiones y dos mil unidades de caballería. En lugar de enfrentarse a los romanos en batalla abierta, los britanos lanzaron incursiones de guerrilla con sus carros y caballos, superando hábilmente a la caballería romana. Atacaron a un pequeño contingente romano, esperando una victoria fácil. Pero, para su sorpresa, los romanos formaron filas y los derrotaron con contundencia. Aunque las tribus bretonas ya habían luchado entre sí, se unieron bajo el caudillo Casivelono, César derrotó a Casivelono y las tribus bretonas se rindieron, acordando pagar un tributo anual.

En ese momento, César recibió noticias de caos en la Galia. Muchas tribus se habían rebelado contra Roma y habían tendido una emboscada al general Sabino, matando a la mayor parte de su ejército. César zarpó inmediatamente de Britania con dos legiones para rescatar al general Cicerón, pero no antes de que este perdiera el 90 por ciento de su legión. Los disturbios continuaron entre las tribus conquistadas hasta que finalmente estalló la guerra en el año 52 a. C. El conflicto había sido instigado por sacerdotes druidas, y el pueblo se unió bajo el mando del rey Vercingétorix, de la tribu de los arvernos.

La revuelta culminó con el asedio de los romanos a la ciudad de Alesia, en Borgoña, donde Vercingétorix había reunido cien mil soldados. El rey celta planeaba atrapar a las fuerzas de César entre las murallas de Alesia y otro ejército celta que se dirigía a la región. Pero nunca esperó la magnitud del cerco de César: cuarenta kilómetros de trincheras, torres y trampas ocultas. Y sí, César previó que los galos lanzarían un ataque por la retaguardia y estaba bien preparado, pulverizando la rebelión. Vercingétorix y la mayoría de las tribus galas se rindieron, excepto los que resistieron en el suroeste de la Galia, en el castro de Uxeloduno. Los romanos excavaron túneles hasta el manantial que suministraba agua a la ciudadela, cortando así su suministro de agua. Cuando los rebeldes se rindieron, César les cortó las manos.

En el año 50 a. C., Roma controlaba toda la Galia solo ocho años después de que César asumiera su gobierno. Roma gobernaría la Galia durante casi cinco siglos, y la lengua francesa antigua surgiría del latín romano. César había ganado prestigio político y riqueza a lo largo del proceso. Estaba a punto de poner patas arriba la política romana, convirtiéndose en el primer dictador de Roma a largo plazo, lo que supuso el principio del fin de la república.

Capítulo 10: César y Pompeyo: Triunviratos y guerra civil

—¡Es absolutamente absurdo, César! —Pompeyo gruñó. ¡Mis hombres han estado luchando sin parar en Asia! Hemos conquistado novecientas ciudades, capturado ochocientos barcos piratas y ganado enormes provincias para Roma. Todo lo que pido es una pequeña parcela de tierra de cultivo para cada uno de mis soldados para que puedan mantener a sus familias. Y necesito que el Senado honre los tratados que hice con las nuevas provincias. ¿Puedes creer que esos idiotas del Senado se opongan al proyecto? Todos ellos poseen vastas propiedades, ¡pero niegan a mis hombres un pedazo de tierra en las regiones orientales que han conquistado!

—Lo sé, lo sé, amigo mío. —César lo tranquilizó—. Los senadores son unos tontos incompetentes a los que solo les interesa conservar su riqueza y su poder.

Los dos hombres sorbieron su vino en silencio durante unos minutos mientras César miraba especulativamente a Pompeyo.

—Sabes —dijo en voz baja—, hay una manera de salir de tu callejón sin salida.

Pompeyo levantó una ceja.

—¡Sigue hablando!

—Un triunvirato. Tú eres un héroe de guerra popular. Yo tengo conexiones influyentes en el Senado, y soy el sumo sacerdote del

Colegio de Pontífices. Consigue que me elijan como cónsul, ¡y aprobaré tu ley de tierras!

—Pero dijiste un triunvirato. —Pompeyo frunció el ceño—. ¿Quién es la tercera persona?

César consideró cuidadosamente sus palabras.

—Bueno, necesitamos dinero para influir en los votos. Y yo no lo tengo; estoy muy endeudado.

Pompeyo asintió.

—Yo tampoco tengo tanto dinero. Entonces, ¿quién va a ser nuestro financiero? Oh, ¿no te referirás a Craso? Detesto a ese hombre.

César se inclinó hacia adelante.

—No tiene por qué gustarte Craso ni tener mucho que ver con él. Tú manipularás las cosas entre bastidores. Yo defenderé tu proyecto de ley, y Craso balanceará los votos con su dinero. ¿Qué dices?

—¡Digo que necesito una esposa! —respondió Pompeyo con una sonrisa.

César pareció confundido por un momento.

—¡Ah! ¡Te refieres a Julia! ¿Quieres casarte con Julia?

—Sí que quiero. —Pompeyo enrojeció—. Sé que soy mucho mayor, pero ahora estoy listo para sentar cabeza. Su hija es hermosa, amable y concienzuda. Francamente, estoy encaprichado de ella.

César sonrió.

—Muy bien, amigo mío. Julia será tu novia.

Y así se formó la «Banda de los Tres», que pondría patas arriba la política romana.

Craso, Pompeyo y César, los tres hombres que formaron el Primer Triunvirato, estaban todos previamente relacionados con una guerra civil entre el cónsul Lucio Sula y su antiguo comandante militar Cayo Mario. Mario, casado con Julia, tía de Julio César, fue cónsul de Roma en siete ocasiones, pero entre su sexto y séptimo consulado, Sula fue elegido cónsul. Los antiguos compañeros de armas se convirtieron en acérrimos rivales.

Tras su elección, Sula se dirigió inmediatamente al Ponto para luchar contra el rey Mitrídates VI. Nada más partir, sus enemigos políticos convencieron al Senado para que destituyera a Sula y enviara a Mario al mando de la campaña. Al recibir esta noticia, un enfurecido Sula regresó a Roma con cinco legiones, volviendo a consolidar su poder, declaró a Mario *hostis publicus* («enemigo público») y regresó al Ponto. Mario huyó a África, pero después de que Sula abandonara Roma, se escabulló de vuelta a Italia con su ejército, mientras Roma estaba sumida en una guerra civil entre patricios y plebeyos. Usurpó el control de Roma y asesinó a sus enemigos políticos. A finales del 85 a. C., fue elegido cónsul por séptima vez. Tomó posesión de su cargo el 1 de enero del 86 a. C., pero murió repentinamente dos semanas después.

Sula terminó su campaña en el Ponto y navegó de vuelta a Roma, retomando la ciudad. El Senado lo nombró dictador, lo que era habitual durante una emergencia, pero solo debía durar unos meses. En lugar de ello, Sula gobernó como dictador hasta poco antes de su muerte, convirtiendo Roma en un baño de sangre al ejecutar a todo aquel que consideraba una amenaza potencial. Mataba a docenas cada día, a veces a cientos. En el juego de poder entre Mario y Sula, las familias de Craso y Pompeyo apoyaron a Sula, mientras que la familia de César apoyó a Mario.

El comercio de esclavos, la extorsión y la especulación con la tierra hicieron de Craso el hombre más rico de Roma
Diagrama Lajard, CC0, vía Wikimedia Commons;
https://commons.wikimedia.org/wiki/File:Roman_bust_in_Ny_Carlsberg_Glyptotek,_crop.jpg

Marco Licinio Craso procedía de una respetada familia plebeya. Antes de que Sula recuperara el control de Roma, el cónsul Cinna ejecutaba o exiliaba a los partidarios de Sula, por lo que Craso tuvo que salir rápidamente de la ciudad. Se unió a Sula en Grecia, donde luchó junto a Pompeyo. Craso obtuvo una distinción especial en una batalla contra las fuerzas marianas, donde aniquiló a sus enemigos y luego preguntó a Sula si necesitaba ayuda. Sula estaba en apuros; sus fuerzas centrales estaban cediendo ante el enemigo, así que Craso fue y salvó la situación.

Mario confiscó los bienes de la familia de Craso, así que cuando cambiaron las tornas, Craso recuperó su fortuna y mucho más. Compró propiedades expropiadas a los enemigos de Sula a precios escandalosamente bajos. Plutarco dijo que construyó sus fabulosas riquezas «haciendo de las calamidades públicas su mayor fuente de ingresos». Creó el primer cuerpo de bomberos de Roma con quinientos bomberos, pero solo apagaba los incendios si los propietarios accedían a venderle las propiedades a precios ínfimos[37]. Las estimaciones de Plutarco y Plinio sitúan su riqueza en torno a lo que hoy serían 13.700 millones de dólares.

A pesar de la exitosa carrera militar de Craso y de su enorme fortuna, no podía competir con Pompeyo, que se estaba forjando una reputación estelar con su campaña en Hispania. La oportunidad de Craso de ganar fama llegó cuando Espartaco lideró la gran revuelta de los esclavos. Craso se ofreció a financiar, entrenar y proporcionar armas a un ejército para derrotar a los esclavos, ya que las legiones de Roma estaban ocupadas en Hispania y el Ponto.

La guerra contra los esclavos fugitivos se prolongó durante dos años. Mientras tanto, Pompeyo regresó de Hispania con sus legiones, exultante de victoria. Roma designó a Pompeyo para hacer frente a la crisis de los esclavos, pero Craso no quiso compartir su gloria. Impulsado a acabar con la revuelta en una gran demostración de fuerza antes de que Pompeyo llegara al sur de Italia, Craso persiguió implacablemente a los esclavos fugitivos. Mató a la mayoría de ellos en combate o crucificándolos.

Cuando Pompeyo fue nominado cónsul de Roma en el año 70 a. C., Craso se tragó su orgullo y le pidió su apoyo para su propia nominación como cocónsul. Pompeyo aceptó, pensando que la inmensa prosperidad de Craso lo convertía preferiblemente en amigo que en enemigo. Ambos hombres ganaron la elección; sin embargo, ninguno confiaba en el otro, y «sus disputas hicieron que su consulado fuera estéril

---

[37] Plutarco, *Vidas paralelas*, Tomo III.

políticamente y sin logros»[38].

El renombrado héroe de guerra Pompeyo unió fuerzas con César y Craso
Alphanidon, CC BY-SA 4.0 <https://creativecommons.org/licenses/by-sa/4.0>, vía Wikimedia Commons; https://commons.wikimedia.org/wiki/File:Pompey_the_Great.jpg

Cneo Pompeyo Magno (más conocido como Pompeyo) procedía de la tribu de los picenos, situada en la parte de los Apeninos más alejada de Roma. El padre de Pompeyo, Estrabón, había ascendido hasta convertirse en cónsul de Roma en el año 89 a. C., pero fue alcanzado por un rayo dos años más tarde mientras defendía Roma de Mario. Cuando Sula regresó a Roma para retomarla en el 84 a. C., Pompeyo reunió a tres legiones de los hombres de su padre para que lo ayudaran a derrotar a los marianos. Sula convenció a Pompeyo para que se divorciara de su primera esposa y se casara con la hijastra de Sula, Emilia. Resultó que ella ya estaba embarazada de otro hombre y murió poco después en el parto.

Pompeyo pasó la década siguiente persiguiendo a los restos de los rebeldes marianos que habían escapado e intentaban establecer bastiones en Sicilia, el norte de África e Hispania. Aplastó la rebelión del que había sido general de Roma, Sertorio, que se había unido a los piratas y lideraba a las tribus hispanas en la lucha contra las fuerzas romanas en Hispania. Tras la hábil conquista de Pompeyo, marchó por

---

[38] Plutarco, *Vidas paralelas*, Tomo III.

los Pirineos hacia la Galia y luego por los Alpes hacia Italia, conquistando 876 ciudades para Roma por el camino.

En el año 66 a. C., Roma envió a Pompeyo y ocho legiones al este para hacer frente al rey Mitrídates VI en el Ponto, que una vez más intentó derrocar el poder romano en la región del mar Negro. Abrumado y superado en número, Mitrídates huyó de su reino, buscando asilo sin éxito en Armenia con su yerno el rey Tigranes. Después se escondió en la península de Crimea, en la actual Ucrania, donde acabó suicidándose. Una vez que Mitrídates dejó de representar una amenaza, Pompeyo organizó las nuevas fronteras de Roma en Europa oriental y Asia occidental en provincias.

A continuación, Pompeyo se dirigió a Siria, que se había desestabilizado con la caída del Imperio seléucida, que había gobernado la mayor parte de Oriente Próximo. Pompeyo conquistó las principales ciudades sirias y convirtió Siria en una provincia romana. A continuación, se dirigió al sur, a Judea, que había sido semiautónoma desde la revuelta macabea del 163 a. C. Los dos príncipes de Judea estaban inmersos en una guerra civil después de que Aristóbulo II robara el trono y el sacerdocio a su hermano Hircano II. En esta época, el sumo sacerdote judío era también el rey. Antípatro de Idumea, consejero de Hircano, convenció a este para que se aliara con el rey árabe Aretas III y derrocara a Aristóbulo.

Pompeyo llegó justo cuando los árabes sitiaban Jerusalén. Ahuyentó a los árabes y atacó el templo fuertemente fortificado donde se escondía Aristóbulo. Pompeyo derribó los muros del templo, pero dejó intactos sus tesoros y ordenó a los sacerdotes que purificaran el templo y reanudaran los sacrificios. Llevó a Aristóbulo de vuelta a Roma como prisionero y restauró a Hircano II como sumo sacerdote, pero no como rey. Judea era ahora una provincia romana, y Julio César nombró más tarde a Antípatro procurador romano. Tras la muerte de Antípatro, el Senado romano nombró a su hijo, Herodes el Grande, rey vasallo de Judea. Herodes fue un gobernante sanguinario y se lo recuerda por sus atrocidades contra sus ciudadanos y su propia familia.

Julio César unió a Pompeyo y Craso en el Primer Triunvirato
https://commons.wikimedia.org/wiki/File;Julius_Caesar_from_a_Cameo.jpg

Julio César nació en el seno de la antigua familia de los Julios, de la que se decía que descendía el mítico antepasado de Roma, Eneas. Julio César alcanzó la mayoría de edad durante el caótico conflicto entre Mario y Sula. Mario estaba casado con la tía de César. Cuando Sula recuperó el control, uno de sus objetivos era César, que acababa de casarse con Cornelia, la hija del antiguo cónsul Cinna, uno de los enemigos de Sula. Sula ordenó a la pareja de adolescentes que se divorciaran, a lo que César se negó. Abandonó la ciudad disfrazado y se alistó en el ejército.

Unos piratas cilicios secuestraron a César cuando se encontraba en el extranjero, y su familia tuvo que pagar un rescate por su libertad. Finalmente, se vengó de los piratas apresándolos y crucificándolos. En el año 67 a. C., Pompeyo eliminó sistemáticamente la amenaza de los piratas cilicios, que obstaculizaban el comercio marítimo, capturándolos y rehabilitándolos para el trabajo agrícola en zonas con poca población, pero con tierras fértiles[39]. César regresó a Roma tras la muerte de Sula y se dedicó a la política. Poco después de la muerte de su joven esposa Cornelia, César se dirigió a Hispania como gobernador.

César estaba muy endeudado porque Sula se había apoderado de su herencia y de la dote de su esposa, lo que lo obligó a unirse a Craso. A

---

[39] Plutarco, "Vida de Pompeyo", *Vidas paralelas*, vol. V.

cambio del apoyo político de César, Craso lo ayudó a pagar parte de su deuda. Tras completar con éxito su mandato en Hispania, César se presentó como candidato a cónsul. Pero necesitaba más peso político para ganar, así que se puso en contacto con Pompeyo. Ambos llegaron a una cuasi reconciliación entre Craso y Pompeyo, y formaron el Primer Triunvirato.

Al principio, el Triunvirato trabajó entre bastidores, utilizando su influencia política y su financiación para promover su agenda política, empezando por conseguir que César fuera elegido cónsul en el 59 a. C. A pesar de que César promovió heroicamente el proyecto de ley de tierras, se enfrentó a una feroz oposición, sobre todo por parte de su cocónsul Bíbulo. La secreta Banda de los Tres se hizo pública cuando César abogó por las clases bajas oprimidas y la redistribución de la tierra. Ante la oposición de Bíbulo, César llamó a Pompeyo a la tribuna de oradores.

—¡Pompeyo! ¿Apruebas este proyecto de ley?

—Desde luego que sí —respondió Pompeyo.

—¿Vendrás en ayuda del pueblo? —preguntó César.

—Por supuesto que sí —bramó Pompeyo. —Si es necesario, proporcionaré espadas y escudos.

Los soldados de Pompeyo llenaron Roma y despejaron el Foro de los oponentes de César. El proyecto de ley para la redistribución de la tierra fue aprobado, y el Senado, ahora dócil, aprobó en silencio todos los proyectos de ley de César para el resto del año.

Al final del consulado de César, el Senado lo nombró nuevo gobernador de la Galia y, en el 55 a. C., Pompeyo y Craso volvieron a ser cocónsules. A finales de ese año, Pompeyo se convirtió en gobernador de Hispania, y Craso consiguió por fin su deseo de mandar. Sin embargo, murió en la batalla de Carras, en la actual Turquía, y su cabeza cortada se utilizó como atrezo en las representaciones partas. La relación entre César y Pompeyo ya se había vuelto tensa cuando la hija de César y amada esposa de Pompeyo, Julia, murió al dar a luz. Tras la muerte de Craso en el 53 a. C., el triunvirato se desmoronó. El poder de Roma acabaría recayendo en uno de los dos supervivientes.

Tras ocho años de conquistas militares estelares en la Galia, César era poderoso y renombrado, con un ejército en plena forma. También era rico, ya que había saldado sus deudas y se había enriquecido con el botín de guerra. Su viejo amigo Pompeyo era ahora un acérrimo rival por el poder. Durante la ausencia de César, la escena política de Roma se sumió en el caos. Plutarco dijo que el soborno era tan descarado que los políticos corruptos contaban públicamente el dinero de los sobornos. Decía que las decisiones no se tomaban por votación, sino por la fuerza de las armas en el Foro, con la sangre manchando el suelo. Roma era como un barco a la deriva, y los ciudadanos empezaron a pensar que su única salvación era la vuelta a la monarquía. Muchos pensaron que Pompeyo era un excelente candidato[40].

César regresaba a Roma desde la Galia, pero el Senado insistió en que disolviera sus legiones, lo que era habitual para los comandantes que regresaban de campañas militares. Marchar hacia Roma con un ejército podía considerarse un acto de guerra contra la ciudad. Sin embargo, César se atrevió a cruzar el río Rubicón, situado entre la Galia Cisalpina e Italia, con una legión de cinco mil hombres en el año 49 a. C. Muchos senadores huyeron al sur de Italia y Pompeyo, a Macedonia.

César entró pacíficamente en Roma, dirigiéndose cortésmente a los senadores que se quedaron. Se sirvió de los fondos de reserva del Estado y los utilizó para financiar su siguiente hazaña: una asombrosa marcha de veintisiete días por los Alpes hasta la Galia y hasta Hispania, donde acampaba el ejército de Pompeyo. «Lucharé contra un ejército sin líder para poder luchar contra el líder sin su ejército».

El ejército de Pompeyo fue sorprendido con la guardia baja y cayó rápidamente. Pero Pompeyo tenía una red de aliados por toda Asia, y reunió un nuevo ejército y una armada de trescientas naves. César no disponía de una flota lo bastante grande como para enfrentarse a él, pero un Pompeyo demasiado confiado le salió al encuentro en una batalla terrestre en Tesalia, en la que el aguerrido ejército de César derrotó a las fuerzas de Pompeyo. Este navegó a Egipto, con la esperanza de encontrar refugio, pero el faraón egipcio, Ptolomeo XIII, lo hizo matar y entregó su cabeza a César cuando este llegó poco después.

César lloró ante el inesperado asesinato de su antiguo amigo y cómplice, y juró vengar a Pompeyo. Mató a los dos hombres que apuñalaron a Pompeyo hasta la muerte y al consejero del faraón que había sugerido el asesinato. César era ahora el último hombre en pie de

---

[40] Plutarco, *Caída de la República romana* (Londres: Penguin Classics, 25 de abril de 2006), 242-250. Archivos de Internet:
https://archive.org/stream/FallOfTheRomanRepublicPlutarch.rOpts/Fall%20Of%20The%20Roman%20Repu
blic%20Plutarch.r-opts_djvu.txt.

la Banda de los Tres y, durante los cinco años siguientes, sería el dictador de Roma. La República romana exhalaba sus últimos alientos.

Capítulo 11: Causas y consecuencias de la caída de la República

¿Qué condujo a la caída de la República romana? ¿Cómo influyeron las guerras civiles y extranjeras en la inestabilidad de Roma? ¿Qué papel desempeñó César en su caída? ¿Es posible que la falta de guerras destruyera la república al disminuir los ingresos? En este capítulo exploraremos lo que ocurrió en los últimos años de la República romana y analizaremos varios factores que contribuyeron a su caída.

César quedó marginado en Egipto cuando conoció a Cleopatra VII, hermana, esposa y cofaraona de Ptolomeo XIII, de trece años. Encantado por su belleza e ingenio, César se convirtió en su amante y se involucró en la enrevesada política de la familia real egipcia. El hermano y marido de Cleopatra la había obligado a abandonar el trono, convirtiéndose en el único gobernante de Egipto. Cleopatra abandonó el país, formó su propio ejército y regresó para luchar por su trono casi al mismo tiempo que César. César se vio envuelto en la guerra entre ambos, y Ptolomeo murió ahogado en el conflicto. César organizó un matrimonio nominal entre Cleopatra y su hermano de doce años, Ptolomeo XIV, mientras ella estaba embarazada de César. Dio a luz a Cesarión en el 47 a. C., el único hijo biológico de César, aunque algunos sostienen que Cesarión no era hijo suyo.

Del 49 al 44 a. C., César alternó entre cónsul, procónsul y dictador, pero siempre tuvo el control de Roma. Meses antes de su asesinato, fue nombrado *dictator in perpetuum* (dictador perpetuo). César dispuso por fin de tiempo y poder para llevar a cabo sus reformas, como hacer frente al desempleo y la deuda de las masas plebeyas e iniciar nuevas reasignaciones de tierras. Modificó el calendario y puso en marcha amplios proyectos de construcción que transformaron Roma; se inspiró mucho en la belleza de Alejandría, en Egipto.

A pesar de que le gustaron algunas de sus reformas, los senadores de Roma temían que César convirtiera de nuevo la república en una monarquía y tramaron su asesinato. El 15 de marzo del 44 a. C., justo cuando César entraba en el Senado, una turba de senadores le asestó veintitrés puñaladas. Las esperanzas de los asesinos de César de devolver a la república su antigua gloria se desvanecieron cuando los ciudadanos de Roma se volvieron contra ellos y se amotinaron en su funeral. Los conspiradores huyeron al extranjero.

Octavio (Augusto) se convirtió en el primer emperador de Roma, poniendo fin a la República romana.

El heredero de César fue su sobrino nieto Octavio, de dieciocho años, que no era el héroe de guerra ni el hábil político que había sido César. Era un adolescente débil y enfermizo con una madre sobreprotectora. Cuando la familia de Octavio recibió la noticia del asesinato de César, se encontraba en Apolonia (la actual Albania). La familia estaba confusa, temiendo que los asesinos fueran por ellos, pero sabían que el asesinato de César debía ser vengado. Sus amigos aconsejaron a Octavio que se alistara en el ejército de Macedonia, ya que los soldados de allí eran leales a César y lo protegerían. Pero Octavio no tenía experiencia militar. Decidió dirigirse a Roma y averiguar cuál era la situación.

Cuando Octavio llegó a Italia, descubrió que el testamento de César lo había nombrado hijo adoptivo de César y le había dejado tres cuartas partes de sus bienes. Los asesinos de César que aún permanecían en Roma prometían la libertad a los esclavos de Roma a cambio de protegerlos. Hordas de personas procedentes de las tribus de los alrededores de Italia que se habían beneficiado de la legislación de César afluían a Roma y formaban un ejército *ad hoc*[41].

Marco Antonio, conocido general y pariente de César, se convirtió en el siguiente cónsul de Roma. Otro líder fue Marco Lépido, que se convirtió en *pontifex maximus,* o sumo sacerdote. Cuando Octavio llegó a Roma, Marco Antonio se negó a entregarle los bienes de César. La opinión pública se volvió en contra de Antonio y a favor de Octavio. El Senado asignó a Antonio la gobernación de Macedonia al final de su consulado, pero este exigió la Galia Cisalpina en su lugar, marchando hacia el norte para reclamar la provincia. El Senado declaró a Antonio fuera de la ley y envió a Octavio para frenarlo, pero Antonio escapó por los Alpes hacia la Galia Transalpina, donde Lépido era gobernador.

Octavio regresó a Roma y descubrió que los senadores estaban conspirando para recuperar el poder político y eliminarlo, dando a Bruto, el asesino de César, el mando de las legiones romanas. Pero algunas de las legiones habían luchado a las órdenes de César y rechazaron el mando de Bruto. Octavio marchó a Roma con las legiones leales a César, se anunció como nuevo cónsul, y juzgó y condenó a los asesinos de César en rebeldía.

Al darse cuenta de que necesitaba el apoyo de Antonio y Lépido, Octavio formó el Segundo Triunvirato en el 43 a. C., una dictadura militar de tres personas. Se repartieron las provincias occidentales: Antonio se convirtió en gobernador de la Galia, Lépido tomó Hispania y Octavio gobernó el norte de África. Los líderes de la oposición —el hijo

---

[41] Nicolás de Damasco, *Vida de Augusto,* trad. Clayton M. Hall. https://web.archive.org/web/20070714144802/http://www.csun.edu/~hcfll004/nicolaus.html.

de Pompeyo, Sexto, y dos de los asesinos de César, Bruto y Casio— se quedaron con las provincias orientales.

El primer objetivo del Segundo Triunvirato era ejecutar a todos los asesinos de César en Roma y reponer el casi vacío tesoro de Roma con sus fortunas. Lo siguiente en la agenda era retomar el Mediterráneo oriental. Cuando Antonio y Octavio se impusieron a Bruto y Casio, los dos asesinos se suicidaron, dejando solo a Sexto Pompeyo, cuya flota impedía la entrada de grano en Italia. Octavio negoció un trato con Sexto, dándole el control de algunos territorios de Roma a cambio de levantar el bloqueo.

Lépido fue expulsado del Segundo Triunvirato cuando Octavio y él discutieron por el control de Sicilia. Antonio se involucró sentimentalmente con Cleopatra, antigua amante de César. Entonces, Octavio descubrió el testamento de Antonio escondido en el templo de las vírgenes vestales, en el que Antonio declaraba al hijo de Cleopatra, Cesarión, hijo biológico y heredero de César. Esto amenazó la legitimidad de Octavio como heredero de César, lo que provocó la expulsión de Antonio del Triunvirato en el 32 a. C. y que el Senado declarara la guerra a Cleopatra.

En el 31 a. C., Octavio (ahora llamado César Augusto) libró la batalla de Accio en el mar Jónico, conquistando a Antonio y Cleopatra, que huyeron a Egipto. Un año después, Augusto atacó Egipto, y Antonio y Cleopatra se suicidaron. Augusto mató al hijo adolescente de César, Cesarión, pero perdonó la vida a los hijos pequeños de Cleopatra con Antonio, dándoselos a su hermana (viuda de Antonio) para que los criara. Con la muerte de Antonio, César Augusto se convirtió en el único gobernante de Roma, y el gobierno pasó de ser una república a un imperio.

No se puede subestimar la contribución de las guerras extranjeras a la caída de la república. Las conquistas extranjeras estimulaban la economía de Roma cuando tenían éxito, y la mayoría de ellas lo tuvieron. La segunda guerra púnica aportó a Roma 140.000 piezas de oro, 600.000 piezas de plata y más de 137.000 libras de plata en bruto. Una campaña en Hispania trajo 40.000 libras de plata en bruto. Los romanos, antes ávidos, empezaron a comprar artículos de lujo, como joyas finas y tapices. Este cambio de paradigma en los valores llevó a Catón el Viejo a advertir: «Hemos cruzado a Grecia y Asia, lugares llenos de todos los atractivos del vicio, y estamos manejando los tesoros de los reyes... Me temo que estas cosas nos capturarán a nosotros más que nosotros a ellos»[42].

La mayor parte del botín de guerra iba a parar a manos de las clases altas, mientras que los soldados plebeyos reclutas volvían a casa con sus tierras de labranza cubiertas de maleza y descuidadas. A veces, la tarea de restaurar los campos era abrumadora, y los patricios se hacían con las granjas de los plebeyos a precios inferiores a los del mercado. Las granjas patricias se convirtieron en enormes plantaciones cultivadas por esclavos extranjeros. Mientras tanto, los plebeyos sin tierra tenían que buscar trabajo en las ciudades.

> «El triunfo de la República fue también su tragedia. Las mismas fuerzas que impulsaron la expansión de Roma, y las recompensas que esta trajo consigo, condujeron a crisis sociales, económicas y políticas y sumieron a la República en una espiral descendente de guerra civil. Las instituciones del gobierno republicano fracasaron bajo la presión de mantener el imperio de Roma, y el poder único pasó finalmente a manos de Augusto, el primer emperador romano»[43].

Los despiadados abusos de los patricios condujeron a una escalada de guerras civiles con los antiguos soldados y otros plebeyos privados de sus derechos. Además, Roma se enfrentaba a la cuestión de la ciudadanía para el resto de Italia. También se produjeron guerras civiles entre políticos en busca del poder supremo, como entre Sula y Mario y, más tarde, entre Pompeyo y César. Las guerras civiles redujeron el número de ciudadanos varones de Roma a solo 150.000 al final del reinado de César[44]. Estos múltiples problemas causantes de la descomposición social desmoronaron los pilares democráticos sobre los que se había asentado la república.

Los romanos explotaron las habilidades de combate y los ingresos fiscales de las tribus de Italia. Alrededor de dos tercios de la fuerza de combate de Roma durante las guerras con Cartago eran italianos no romanos. Sin embargo, Roma no concedió a estos soldados ningún botín de guerra ni parcelas de tierra en las regiones conquistadas.

---

[42] Michael Duncan, *The Storm Before the Storm: The Beginning of the End of the Roman Republic* (New York: PublicAffairs, 2017), 19.

[43] David M. Gwynn, *The Roman Republic: A Very Short Introduction* (Oxford: Oxford University Press, 2012), 1-2.

[44] Plutarco, *Caída de la República romana*, 263.

Además, los prejuicios subyacentes impedían a Roma extender la ciudadanía al resto de Italia, algo que los descontentos aliados italianos consideraban que les correspondía, teniendo en cuenta lo mucho que habían contribuido a defender y expandir la República.

Debido al descontento, el Senado expulsó de Roma a todos los no ciudadanos en el año 95 a. C. Cuando el tribuno plebeyo Druso impulsó la redistribución de la tierra y la ciudadanía para todos los italianos, fue asesinado en el 91 a. C., lo que dio lugar a la guerra social entre Roma y las tribus italianas. Mario y Sula lucharon juntos contra las tribus rebeldes (esto fue antes de que se pelearan), matando a seis mil y capturando a siete mil. Pero finalmente, Roma concedió la ciudadanía y el derecho al voto a todos los hombres de Italia, casi duplicando el número de ciudadanos varones.

Otro factor que contribuyó al colapso de la República romana fue la eventual falta de guerras, que provocó una ralentización de los ingresos. Mientras Roma conquistaba y se expandía, la enorme riqueza que entraba creó un sistema de funcionarios corruptos que utilizaron su nueva riqueza para sobornar a sus superiores. Las masas plebeyas ya tenían poca fe en los senadores, y el comportamiento depravado de la clase dirigente erosionó el resto de confianza que quedaba. A medida que las conquistas extranjeras de Roma se detenían, también lo hacía la afluencia masiva de ingresos. Roma tuvo que aumentar los impuestos para mantener sus infraestructuras, lo que aumentó el resentimiento de la población.

El estilo de vida y el modo de gobernar de Julio César contribuyeron a la desaparición de la República romana, pero su asesinato probablemente tuvo más que ver. Después de que César regresara de la Galia y fuera reelegido cónsul, su reinado se volvió cada vez más autocrático. Su pasión por convertirse en rey se hizo evidente. Su imagen se estampó en las monedas, aparecieron diademas reales en sus estatuas y César se envolvió en una toga púrpura.

Los conspiradores que apuñalaron a César veintitrés veces creían que estaban preservando la república, pero en lugar de ello sumieron a Roma en otra guerra civil. Las clases baja y media habían perdido a su defensor, que había legislado en su nombre, y el asesinato de César dejó un vacío de poder. A estas alturas, las normas políticas se habían roto y el pueblo estaba tan cansado de las elecciones amañadas que estaba dispuesto a dar la bienvenida a un autócrata.

La república funcionó relativamente bien durante sus tres primeros siglos, adaptándose a los nuevos retos y manteniendo las normas políticas. Pero la violencia hizo su aparición en el año 133 a. C., cuando los senadores de Roma golpearon con sillas de madera hasta la muerte al tribuno Tiberio Graco y a sus partidarios. Cincuenta años más tarde, la guerra entre Mario y Sula llevó a la ejecución y confiscación de bienes de los oponentes políticos.

Los senadores empezaron a utilizar tácticas absurdas contra las propuestas legislativas que no querían que se aprobaran. Simplemente encontraban excusas para no reunirse para la votación, y se producían todo tipo de retrasos en los procedimientos. Un cónsul declaró todos los días del año fiesta religiosa para que no se pudieran celebrar votaciones. Con el soborno y la violencia desenfrenados, las normas políticas de la república se habían fracturado irremediablemente incluso antes del asesinato de Julio César. Pero Octavio, rebautizado César Augusto, puso el último clavo en el ataúd.

Roma estaba preparada para un cambio, y Augusto parecía ofrecer un camino a seguir
GingerJesusFMIRL, CC BY-SA 4.0 <https://creativecommons.org/licenses/by-sa/4.0>, vía Wikimedia Commons; https://commons.wikimedia.org/wiki/File:Caesar-augustus1.jpg

Cuando los senadores asesinaron a César, la mayoría de los romanos no recordaban cómo debía ser una república funcional. Lo único que conocían era la disfunción política y la violencia. César Augusto intervino con gallardía en el vacío de poder y prometió la vuelta a la ley y el orden. A estas alturas, la mayoría de los romanos estaban dispuestos a cambiar los ideales democráticos de la república, que de todos modos no habían funcionado, por un emperador. Aunque las elecciones ya no eran «libres» y nadie podía presentarse a un cargo sin la aprobación de Augusto, acogieron con satisfacción el fin del caos.

La caída de la República romana no se debió a un único factor, sino a múltiples causas. La política violenta, corrupta y disfuncional desilusionó al pueblo. La asombrosa riqueza procedente de los países conquistados corrompió a la clase dirigente, que ignoró las necesidades de la desesperada clase trabajadora. Las letales guerras civiles desgarraron Roma y diezmaron a la población. La política de mano dura de César consternaba a los senadores, pero su legislación en favor de los oprimidos complacía a las masas. La mayoría de los romanos percibían a Augusto como el niño de oro que los rescataría de la anarquía y conduciría a Roma a nuevas cotas de civilización.

Capítulo 12: Influencia y legado de la República romana

El paso de una república a un imperio no fue tan abrupto y completo como pudiera parecer. Roma experimentó ciertamente un cambio en los altos mandos, pero muchas instituciones políticas y sociales permanecieron fundamentalmente inalteradas. El complejo legado de la república siguió influyendo en el Imperio romano a través de su filosofía, sistema político, estructura social, organización militar y otros factores. La República romana se adelantó a su tiempo en numerosos aspectos. No solo influyó en el imperio que le siguió, sino que dejó su huella en el mundo occidental durante dos milenios.

Uno de los legados más perdurables de la época republicana fue su filosofía. Cicerón, Lucrecio, Séneca el Joven y otros filósofos de la República romana promovieron ideas políticas y sociales que repercutieron en el Imperio romano y en el mundo occidental. Aunque es fácil detenerse en las debilidades y fracasos de la república, esta creó un sistema constitucional fluido que se acomodó a los cambios a lo largo de los siglos. Los romanos encontraron formas novedosas de afrontar retos sin precedentes como sociedad, y la política evolucionó. La República romana tuvo el primer gobierno constitucional a gran escala del mundo, que llegó a gobernar tres continentes y perduró durante siglos hasta la era imperial.

Cicerón defendió el sistema político tradicional de la república, y él y otros estadistas afines se esforzaron por mantener sus principios a medida que el gobierno se desmoronaba. Aunque Roma tomó prestadas algunas ideas políticas de los griegos, Cicerón consideraba que Roma había mostrado a los griegos cómo hacer política correctamente. Sostenía que los griegos estaban en deuda con los romanos por haber desarrollado un sistema que perduró a través de los siglos y los retos de una expansión inimaginable. La filosofía política subyacente a la república era la base de su sistema de gobierno. Estudiantes y políticos estudiaron estos tratados filosóficos anteriores durante la época imperial, mientras se enfrentaban a los rápidos cambios que sacudían el imperio.

La palabra «república» procede de la expresión latina res publica, que significa «asunto del pueblo» o «propiedad pública». La República romana era asunto de todo el pueblo y no de un único monarca o grupo gobernante de ancianos. Su rasgo distintivo era la *libertas*, o libertad, pero no una libertad ilimitada o licencia para pisotear los derechos y libertades de los demás. Cicerón escribió: «La ley es el fundamento de la libertad, y todos somos esclavos de la ley para poder ser libres»[45].

El «imperio de la ley» protegía la libertad impidiendo que nadie estuviera por encima de la ley. Aunque no todos los ciudadanos eran socialmente iguales, sí lo eran en el sentido de que la ley se aplicaba a todos. Cicerón creía que una ley natural universal e inmutable era intrínseca a la naturaleza humana. Enseñaba que el comportamiento inmoral y la falsa ideología podían suprimir esta ley innata. Pensaba que esta ley natural era el fundamento de la justicia. Este concepto de ley natural quedó reflejado en la epístola de San Pablo a los Romanos:

> «Porque cuando los gentiles que no tienen ley, hacen por naturaleza lo que es de la ley, estos, aunque no tengan ley, son ley para sí mismos, 15 mostrando la obra de la ley escrita en sus corazones, dando testimonio su conciencia, y acusándoles o defendiéndoles sus razonamientos»[46].

Los elementos consecuentes del sistema político de la república persistieron en el imperio. Desde sus primeros días, la república tuvo la tradición de elegir a un dictador a corto plazo para hacer frente a las crisis, como una invasión o una guerra civil. Una vez superada la crisis, el dictador dimitía de su cargo. Pero este cargo abrió la puerta a un emperador cuando el Senado nombró a Julio César «dictador vitalicio»

---

[45] Cicerón, *Pro Cluentio*, http://www.thelatinlibrary.com/cicero/cluentio.shtml.
[46] Romanos 2:14-15, Versión estándar.

poco antes de su asesinato.

Cuando César Augusto (Octavio) se convirtió en el primer «emperador» de Roma, el poder pasó de los representantes elegidos a un monarca. Augusto podía introducir leyes y vetar las introducidas por otros. También tenía que dar su consentimiento a los que se presentaban a cargos políticos. Este cambio de poder hizo que las asambleas políticas fueran principalmente ceremoniales. No obstante, Augusto debía actuar con cautela.

Los romanos habían derrocado a su despótico rey cinco siglos antes y seguían aborreciendo todo lo que se pareciera a una monarquía. Los senadores mataron a Julio César porque parecía empeñado en hacerse rey. Aunque Octavio albergaba la misma ambición, planeó su ascenso al poder con gran delicadeza. Se cuidó de reconocer la autoridad del Senado y le devolvió ostensiblemente todo su poder.

Octavio defendía exteriormente las tradiciones y la constitución republicanas y se esforzaba por no *autodenominarse* rey o emperador. En su lugar, aceptó humildemente los títulos que le otorgaba el Senado, como «princeps» (primero o jefe del Senado) y el título religioso de «Augusto» (ilustre). También se llamó a sí mismo «Imperator» (comandante), pero tuvo cuidado de no llevar corona ni toga púrpura y de no portar cetro. En lugar de autoproclamarse gobernante supremo de Roma, mostró astutamente su respeto hacia el Senado, al tiempo que nombraba discretamente a nuevos senadores que lo apoyaban, construyendo gradualmente su base de poder.

El Senado sobrevivió al cambio de liderazgo porque Augusto necesitaba legitimar su gobierno. Su autoridad procedía del Senado y, como principales ciudadanos de Roma, los senadores influían en la percepción que el pueblo tenía de su líder. Los emperadores de Roma adquirieron el cargo de diversas maneras. Por ejemplo, algunos eran hijos o nietos biológicos o adoptivos de los emperadores anteriores. Otros arrebataron el trono con la ayuda de los militares. Pero el Senado tenía que legitimar el gobierno de un emperador, y el emperador tenía que mantener la lealtad de los militares. Así pues, el Senado desempeñaba un papel decisivo en la formación de los reyes, ya que otorgaba poder al emperador cuando iniciaba su reinado, pero lo despojaba de él si disgustaba a los senadores.

La ciudadanía era un honor que incluía progresivamente a más grupos de personas a lo largo de los cinco siglos de la República romana.

En la fundación de la república, todos los hombres mayores de dieciséis años de las tribus de Roma eran ciudadanos. Para hacer alarde de su estatus, los ciudadanos romanos vestían togas blancas en las ocasiones formales. La ciudadanía otorgaba a los hombres el derecho a votar y a comerciar. Con el tiempo, todos los italianos adultos nacidos libres podían convertirse en ciudadanos romanos. Hacia el final de la república, los «libertos» o antiguos esclavos podían recibir la ciudadanía.

El emperador Claudio extendió la ciudadanía romana a los hombres de la Galia
Gary Todd de Xinzheng, China, propietario de PDM, vía Wikimedia Commons;
https://commons.wikimedia.org/wiki/File:Claudius_as_Jupiter,_1st_C._AD,_Round_Hall_by_Mi chelangelo_Simonetti,_Vatican_Museum_(48465336326).jpg

La ciudadanía se hizo aún más inclusiva durante el imperio. En un principio, el Senado se opuso a que los habitantes de las provincias extranjeras de Roma obtuvieran la ciudadanía. Pero el emperador Claudio, que gobernó del 41 al 54 d. C., impulsó la ampliación de la ciudadanía a los hombres de la Galia (Francia) e incluso su admisión en el Senado. Los senadores se opusieron a esta propuesta, temiendo que britanos, galos, griegos y españoles vistieran togas, pero Claudio se impuso. En 212 d. C., el Edicto de Caracalla concedía la ciudadanía a todos los varones libres de las provincias romanas.

Desde sus primeros años, la república experimentó continuas tensiones entre los aristócratas patricios y la clase trabajadora plebeya. Tan solo catorce años después de iniciada la república, los plebeyos protagonizaron su primera secesión, declarándose en huelga y abandonando el ejército romano en medio de una guerra con las tribus itálicas vecinas. Poco a poco, los plebeyos fueron ganando cada vez más poder. Hacia 287 a. C., disfrutaban de los mismos derechos y acceso a los cargos políticos que los patricios. Las fronteras entre patricios y plebeyos se habían difuminado en los inicios del imperio. Sin embargo, seguía existiendo una clase dirigente acomodada, que ahora incluía a algunos plebeyos nuevos ricos. Como siempre, existían las clases trabajadoras más pobres y los esclavos.

El sistema familiar patriarcal también continuó en el imperio, lo que significaba que los hombres controlaban la política y los negocios, mientras que las mujeres debían ocuparse del hogar. Las niñas y las mujeres estaban bajo la autoridad de sus padres, incluso después de casarse y formar sus propias familias. Sus padres concertaban sus matrimonios a la edad de doce años y ellas apenas podían decidir con quién se casaban. En caso de divorcio, las mujeres perdían a sus hijos en favor de sus maridos.

Cuando Roma pasó de república a imperio, César Augusto introdujo cambios en el ejército, como la duración del servicio militar. A medida que Roma se enfrentaba a nuevas culturas y enemigos, el ejército desarrolló estrategias innovadoras y formaciones de tropas para luchar con mayor eficacia. El ejército romano utilizó más a menudo su caballería y mejoró la tecnología de sus máquinas de asedio para lanzar la artillería de forma más competente.

Los militares también ganaron más peso político en la transición a un imperio. En la República romana, los comandantes militares eran a menudo los cónsules, y los generales militares que luchaban con distinción ganaban a menudo la elección al consulado. Esta estrecha relación entre el ejército y el poder político continuó durante el imperio. Sin embargo, el ejército se encargaba ocasionalmente de convertir a un general favorito en el nuevo emperador. El ejército y la guardia pretoriana (los guardaespaldas del emperador) también asesinaron a algunos emperadores impopulares.

El extraordinario sistema viario de Roma comenzó a principios de la república con la Ley de las Doce Tablas de 450 a. C., que estipulaba que las calzadas debían tener al menos ocho pies romanos de ancho (se calcula que un pie romano mide 29,6 centímetros). A medida que los romanos conquistaban las tribus de los alrededores de Italia, construían carreteras que conectaban Roma con sus nuevos territorios. El gobierno central financiaba los costos de construcción de estas arterias, pero las provincias que atravesaban eran responsables de su mantenimiento.

Cuando Augusto llegó al poder, consideró que el sistema de mantenimiento de las carreteras era ineficaz. Se hizo cargo personalmente de él, al igual que los emperadores que le sucedieron. Aunque los mercaderes y la gente corriente utilizaban las calzadas, su finalidad principal era el transporte militar. A medida que la república crecía, los romanos construyeron calzadas en las nuevas provincias fuera de Italia. Durante el imperio, el sistema de calzadas aumentó a casi 120.000 kilómetros.

Este mapa representa el territorio romano al final de la república
*User:Historicair, Ifly6, CC BY-SA 3.0 <https://creativecommons.org/licenses/by-sa/3.0>, vía Wikimedia Commons;
https://commons.wikimedia.org/wiki/File:Map_of_the_Ancient_Rome_at_Caesar_time_(with_co nquests)-en.svg*

A lo largo de sus cinco siglos de existencia, la República romana pasó de ser una modesta ciudad-estado en el centro de Italia a abarcar la península itálica en el año 200 a. C. En los doscientos años siguientes, la república conquistó la región costera del norte de África, la mayor parte de Hispania (España y Portugal), la Galia (Francia), parte de Gran Bretaña y Grecia. Hacia el final de la república, Roma conquistó la actual Macedonia, Bulgaria, Albania, Montenegro, Croacia, Turquía occidental, Siria, Líbano e Israel.

Este afán por conquistar territorios continuó durante el Imperio romano. En su apogeo, bajo el emperador Trajano, el imperio contaba con una cuarta parte de la población mundial. Para entonces, el Imperio romano incluía la costa norteafricana, desde Egipto hasta Marruecos, toda España y Francia, Bélgica, parte de Alemania, toda Inglaterra, la mayor parte de Gales, Suiza, Austria, toda la península balcánica, Turquía, Armenia, Irak, Siria, Líbano e Israel.

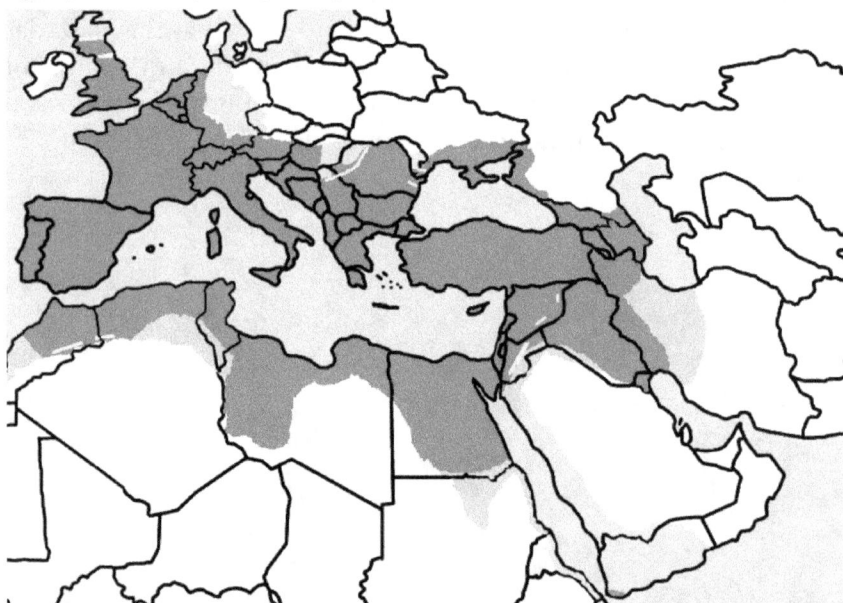

La expansión de Roma comenzó en la república y continuó en la época imperial
Argentino, CC BY-SA 3.0 <https://creativecommons.org/licenses/by-sa/3.0>, vía Wikimedia Commons; https://commons.wikimedia.org/wiki/File:Roman_Empire_borders_and_influence.gif

A medida que la república y luego el imperio crecieron hasta cubrir partes de tres continentes, se hicieron cada vez más diversos, absorbiendo las religiones, los estilos artísticos, la arquitectura y otros elementos de la cultura. El increíble tamaño de la república y del imperio aportó a Roma una riqueza inconcebible. También supuso la carga y el costo de mantener carreteras, puentes, acueductos y otras infraestructuras en una parte considerable del mundo.

La República romana se adelantó a su tiempo en múltiples aspectos, uno de los cuales fue su gobierno estructurado. Las instituciones políticas de Roma resistieron el paso del tiempo gracias a su flexibilidad para adaptarse a los cambios. Muchos de los gobiernos democráticos actuales han aplicado aspectos del sistema político de la República romana, como los controles y equilibrios, la representación del pueblo, la limitación de mandatos, la separación de los poderes ejecutivo y legislativo y el veto.

Los filósofos de la Ilustración del siglo XVIII, como Montesquieu y Rousseau, propusieron que un estudio serio de la política requería un examen de la República romana. El análisis que Montesquieu hizo del gobierno de la República romana lo llevó a proponer la separación de poderes: ejecutivo, legislativo y judicial. *El Contrato Social* de Rousseau profundiza en el funcionamiento institucional de la República romana, a la que considera un modelo de virtud. Rousseau idealizó la República romana como un lugar donde el poder absoluto residía en el pueblo, mientras que la administración de la república era responsabilidad de un gobierno elegido.

Otra forma en que la República romana se adelantó a su tiempo fue adoptando el Foro como lugar de reunión del gobierno, algo que se repetiría durante milenios. El Foro era el corazón de Roma, el centro del comercio, la religión y la política. Un elemento vital del Foro era el carácter público de la Curia, donde se reunía el Senado. Las decisiones de gobierno no se tomaban en una sala del trono, como en una monarquía, ni tampoco las tomaba un pequeño grupo a puerta cerrada, como en una oligarquía. Se tomaban en un lugar público, donde casi todo el mundo podía escuchar las propuestas, los debates y las votaciones, aunque solo los senadores podían hablar.

La República romana se adelantó a su tiempo con una tecnología progresista y una ingeniería brillante. La construcción de su sistema de carreteras, que abarcaba tres continentes, implicaba la excavación de túneles a través de montañas y la construcción de altos puentes sobre barrancos y ríos. El puente Pons Fabricius, construido sobre el río Tíber en Roma en el año 62 a. C., sigue en uso en su estado original, testimonio de la extraordinaria excelencia de la ingeniería romana. La construcción moderna de carreteras sigue utilizando las técnicas desarrolladas por los romanos.

El puente de Pons Fabricius lleva en pie más de dos mil años

Los romanos tuvieron uno de los primeros sistemas de alcantarillado del mundo, que se construyó hace unos 2.500 años, más o menos al mismo tiempo que el inicio de la república. Aunque los mesopotámicos habían desarrollado acueductos primitivos, los romanos llevaron la tecnología del agua corriente a nuevas cotas. Once acueductos llevaban el agua a Roma. El agua se almacenaba en grandes depósitos y se distribuía por toda la ciudad para beber, cocinar, bañarse y utilizar las letrinas. Las letrinas públicas solían estar conectadas a los baños públicos, y el agua del baño se vertía a través de los retretes. Los romanos utilizaron una ingeniosa tecnología para construir los acueductos de modo que el agua siguiera moviéndose por la fuerza de la gravedad al pasar por montañas y profundos barrancos. Cuando era necesario, sifones invertidos movían el agua cuesta arriba. Tenían forma de U, de modo que la fuerza del agua que corría cuesta abajo la empujaba hacia arriba por el otro lado.

Los romanos de la República fueron auténticos precursores de su tiempo con su filosofía política y sus instituciones de gobierno, que siguieron influyendo en el imperio. Su pensamiento político influyó en los filósofos de la Ilustración en la Edad de la Razón y sirvió de guía a los nuevos gobiernos democráticos de los últimos siglos. Sus calzadas, acueductos, alcantarillados y tecnología militar siguieron utilizándose y desarrollándose en todo el imperio y fuera de él.

Conclusión

La visión del mundo, la cultura, el ejército, el gobierno, el sistema jurídico, la lengua y la tecnología de la República romana dejaron una huella indeleble en el mundo durante los dos milenios siguientes. El legado de la República sobrevivió durante la época imperial y más allá. Influyó en la filosofía subyacente de las naciones occidentales en desarrollo, influyó en la literatura y el arte del Renacimiento y ha afectado a la ingeniería y la arquitectura hasta nuestros días.

La continua lucha de la República romana por el dominio sobre Cartago y las potencias helenísticas acabó por cambiar el centro de poder en el norte de África, Europa y Asia occidental. Pero también cambió Roma. La herencia fenicia de Cartago, su construcción naval, sus habilidades de navegación y sus amplias redes comerciales dejaron su huella en Roma. Roma se apropió de los logros y conocimientos cartagineses, copió sus barcos y acabó apoderándose de su imperio.

Roma también asimiló la cultura y las innovaciones griegas a través de interacciones militares, unas veces como aliados y otras como conquistadores. La combinación de culturas dio lugar a la mezcla grecorromana de arquitectura, ingeniería, literatura, medicina, filosofía, política, religión y escultura, que sigue conformando la visión del mundo y la estética actuales. Escritores grecorromanos como Cicerón, Platón, Varrón y Virgilio influyeron en los escritos de San Agustín, que sentaron las bases del pensamiento cristiano. El Renacimiento despertó el interés por filósofos grecorromanos como Aristóteles, Marco Aurelio y Séneca el Joven, influyendo en la opinión política.

Las luchas internas de la República romana entre plebeyos y patricios, y las cuestiones de la ciudadanía y la esclavitud desafiaron y cambiaron la república a lo largo de sus cinco siglos. A medida que Roma conquistaba gran parte del mundo conocido, los asombrosos beneficios de la guerra corrompían a sus destinatarios a la vez que ensanchaban la brecha entre los políticos aristocráticos y el pueblo llano. El estancamiento económico acompañó a una ralentización de la expansión, y las luchas políticas internas descendieron gradualmente hacia la corrupción, permitiendo que la violencia abriera la puerta al gobierno imperial.

Cuando Roma pasó de ser una ciudad-estado a un imperio, su ejército cambió inevitablemente. En lugar de soldados que luchaban durante unos meses al año, los jóvenes eran reclutados para pasar hasta dos décadas en las provincias extranjeras de Roma. Estos soldados a tiempo completo eran muy disciplinados y estaban impecablemente entrenados. El ejército y la armada romana se convirtieron en una fuerza de combate inusualmente avanzada, con fenomenales máquinas y estrategias de asedio. El estructurado y eficiente ejército de Roma propició su inimaginable expansión.

Los romanos eran prodigiosos asimiladores y reproducían algunas de las estrategias militares, armaduras y armas de sus enemigos. Su guerra con Cartago los obligó a construir su propia armada utilizando como modelo un barco fenicio naufragado. A medida que perfeccionaban sus habilidades navales, los romanos demostraron ser una fuerza marina formidable y casi indomable contra Cartago, que hasta entonces había dominado los mares. La pericia naval de Roma llevó a Aníbal a luchar contra Roma en batallas terrestres en lugar de marítimas.

Al enfrentarse al intimidante ejército romano, muchas ciudades y tribus simplemente se rindieron en lugar de luchar en una guerra que probablemente perderían con enormes perjuicios y bajas. Roma era sorprendentemente benigna con estas ciudades, estados y confederaciones tribales. Por lo general, les permitía mantener su propio liderazgo siempre que reconocieran la autoridad última de Roma, pagaran tributo y proporcionaran hombres a la maquina militar romana. Cualquier estado que no se rindiera se enfrentaba inmediatamente a la brutal ira de Roma, que podía significar arrasar completamente una ciudad o aniquilar a la mayor parte de la población, incluidos mujeres y niños.

El ejército romano dejó un legado notable. A menudo, cuando uno piensa en Roma, le viene a la mente la imagen de un soldado romano, y con razón. La disciplina militar, las estrategias, la ingeniería y el mando de Roma han sido estudiados e imitados a lo largo de los siglos. Muchas escuelas militares modernas analizan el ejército romano y los modelos de generales famosos como Julio César y Pompeyo.

A lo largo de la historia, el sistema jurídico de Roma sirvió de base para los códigos y prácticas jurídicas del mundo occidental. El sistema de derecho codificado de Roma comenzó en 450 a. C. con la Ley de las Doce Tablas inscrita en doce tablas de bronce. En la república, la asamblea de ciudadanos aprobaba las leyes que luego se enviaban al Senado para su ratificación, un modelo que aún se sigue en muchos gobiernos democráticos actuales. El sistema jurídico romano presumía la inocencia hasta que se demostrara la culpabilidad y celebraba juicios con jurado.

La lengua latina que hablaban los romanos se convirtió en la lengua franca (lengua común) en sus territorios, que abarcaban tres continentes. Dio origen a las lenguas romances, como el francés, el italiano, el portugués, el rumano y el español. Aproximadamente un tercio de las palabras inglesas tienen raíces latinas, y otro tercio procede de lenguas romances descendientes del latín. El latín se sigue utilizando en medicina, ciencia y derecho. El alfabeto escrito romano, legado de los etruscos, también se parece sorprendentemente a nuestras letras actuales, salvo que los romanos solo tenían mayúsculas.

La red de carreteras de la República romana dio lugar al dicho: «Todos los caminos llevan a Roma». Las calzadas se construyeron de forma que viajaran prácticamente en línea recta desde Roma hasta sus ciudades conquistadas. Algunos pequeños tramos de las calzadas romanas conservan aún hoy sus adoquines originales, y otros fueron repavimentados hasta convertirse en las actuales autopistas de Europa. Las sorprendentemente resistentes calzadas romanas utilizaban capas de tierra, grava, ladrillo y adoquines. Un ligero declive desde el centro hacia los lados drenaba el agua de lluvia de la calzada. Las legiones de Roma podían marchar unos treinta kilómetros al día por estas calzadas bien construidas.

La República romana fue una época increíble en la que Roma cambió tanto para bien como para mal. Aún influye en muchos aspectos de nuestras vidas, quizá más de lo que creemos. El calendario que utilizamos hoy en día se basa en la revisión de Julio César en el año 45 a. C., con un año bisiesto cada 4 años que añadía un día más a los 365 días habituales. Su calendario asignaba el 1 de enero como primer día del año. Los nombres de los meses que utilizamos hoy en día son todos romanos; llevan el nombre de algunos dioses, de números romanos, de festivales romanos y de Julio César y Augusto.

La República romana, en toda su gloria y en su tumultuoso colapso, nos inspira y nos advierte. La República romana nos instruye sobre los factores que hacen florecer a una sociedad y los elementos que pueden sumirla rápidamente en una desastrosa caída en picado. Cuando los romanos seguían las normas políticas, cuando incluían a todos los ciudadanos en el proceso político y cuando promovían la justicia, la república prosperaba. Cuando permitieron que la riqueza se corrompiera, cuando se volvieron violentos y desorganizados, cuando ignoraron las necesidades de las masas y cuando pisotearon la ética política, descendieron al caos. ¡*Caveat lector*! Que el lector tenga cuidado.

Vea más libros escritos por Enthralling History

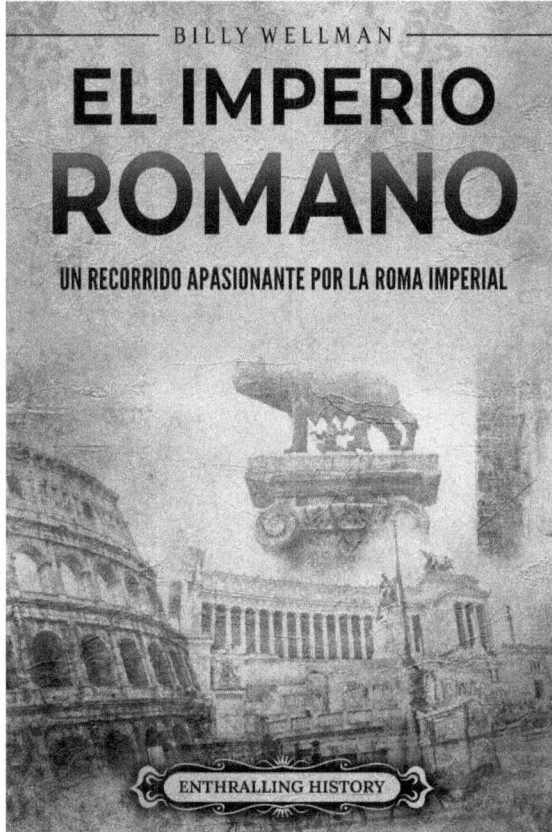

BILLY WELLMAN

EL IMPERIO ROMANO

UN RECORRIDO APASIONANTE POR LA ROMA IMPERIAL

ENTHRALLING HISTORY

Bibliografía

Abbe, Mark B. "Polychromy of Roman Marble Sculpture". En *Heilbrunn Timeline of Art History*. New York: The Metropolitan Museum of Art, 2007. http://www.metmuseum.org/toah/hd/prms/hd_prms.htm.

Appian. *Punic Wars*. http://www.perseus.tufts.edu/hopper/text?doc=Perseus%3Atext%3A1999.01.02 30%3Atext%3DPun.%3Achapter%3D16%3Asection%3D111.

Arena, Valentina. "The Roman Republic of Jean-Jacques Rousseau". *History of Political Thought* 37 (2016): 8–31. http://www.jstor.org/stable/26228683.

Barchiesi, Alessandro y Walter Scheidel. *The Oxford Handbook of Roman Studies*. Oxford: Oxford University Press, 2010.

Boatwright, Mary T., Daniel J. Gargola, Noel Lenski, Richard J. A. Talbert. *The Romans: From Village to Empire: A History of Rome from Earliest Times to the End of the Western Empire*. Oxford: Oxford University Press, 22 de noviembre de 2011.

Bono, P., y C. Boni. "Water Supply of Rome in Antiquity and Today". *Geo* 27, (1996), 126–134. https://doi.org/10.1007/BF01061685.

Bourne, Ella. "The Messianic Prophecy in Vergil's Fourth Eclogue". *The Classical Journal* Vol. 11, No. 7, (Abril 1916), 390-400. https://www.jstor.org/stable/pdf/3287925.pdf.

César, Julio. *La guerra de las Galias*. Traducción de W. A. McDevitte y W. S. Bohn. The Internet Classics Archive. http://classics.mit.edu/Caesar/gallic.1.1.html.

Casson, Lionel. *Everyday Life in Ancient Rome*. Baltimore: Johns Hopkins University Press, 1998.

Cicerón. *Pro Cluentio*. http://www.thelatinlibrary.com/cicero/cluentio.shtml.

Davies, Penelope J. E. *Architecture and Politics in Republican Rome.* Cambridge: Cambridge University Press, 2017.

DiBacco, Cory R. "The Position of Freedmen in Roman Society". *MAD-RUSH Undergraduate Research Conference*, (Primavera 2017), JMU Scholarly Commons. https://commons.lib.jmu.edu/cgi/viewcontent.cgi?article=1069&context=madrush.

Dion, Casio. *Historia romana.* Traducido por H. B. Foster. Publicado en el Vol. I de la edición de la Loeb Classical Library edition, New York: Macmillan Publishers, 1914. https://penelope.uchicago.edu/Thayer/E/Roman/Texts/Cassius_Dio/1*.html.

Duncan, Michael. *The Storm Before the Storm: The Beginning of the End of the Roman Republic.* New York: PublicAffairs, 2017.

Eckstein, A. M. "The Pact Between the Kings, Polybius 15.20.6, and Polybius' View of the Outbreak of the Second Macedonian War". *Classical Philology* 100, no. 3 (2005): 228-42. Consultado el 22 de julio de 2021. doi:10.1086/497859. https://www.jstor.org/stable/10.1086/497859?seq=1#metadata_info_tab_contents.

Enthralling History. *La Antigua Roma: Un apasionante repaso a la historia de Roma, desde el mito de Rómulo y Remo, pasando por la República, hasta la caída del Imperio romano.* Las Vegas, 2021.

Farnsworth Gray, Harold. "Sewerage in Ancient and Mediaeval Times". *Sewage Works Journal* Vol.12.5 (1940): 939-46.

Gowers, Emily. "The Anatomy of Rome from Capitol to Cloaca". *The Journal of Roman Studies* Vol.85 (1995): 23-32.

Gwynn, David M. *The Roman Republic: A Very Short Introduction.* Oxford: Oxford University Press, 2012.

Hammond, N. G. L. "Which Ptolemy Gave Troops and Stood as Protector of Pyrrhus' Kingdom?". *Historia: Zeitschrift Für Alte Geschichte* 37, no. 4 (1988): 405-13. http://www.jstor.org/stable/4436071.

Josephus, Flavius. *The Jewish War.* http://penelope.uchicago.edu/josephus/war-3.html.

Kane, J. Robert. "The Third Punic War: An Intelligence Failure from Antiquity". *American Intelligence Journal* 36, no. 1 (2019): 161-66. https://www.jstor.org/stable/27066349.

Lintott, Andrew. "Political History, 146-95 BC.". In *The Cambridge Ancient History*, editado por John Crook, Andrew Lintott, y Elizabeth Rawson, 92. Cambridge: Cambridge University Press, 1992.

Lintott, Andrew. *The Constitution of the Roman Republic.* Oxford: Oxford University Press, 2003.

Livio, Tito. *Historia de Roma,* volúmenes I - V. Traducción de George Baker. New York: Peter A. Mesier et al., 10. https://oll.libertyfund.org/title/baker-the-history-of-rome-vol-1.

Martin, Thomas R. *Ancient Rome: From Romulus to Justinian.* New Haven: Yale University Press, 10 de septiembre de 2013.

Mitchell, Thomas N. "Roman Republicanism: The Underrated Legacy". *Proceedings of the American Philosophical Society* 145, no. 2 (2001): 127–37. http://www.jstor.org/stable/1558267.

Myers, Richard. "Montesquieu on the Causes of Roman Greatness". *History of Political Thought* 16, no. 1 (1995): 37–47. http://www.jstor.org/stable/26215859.

Nicolás de Damasco. *Vida de Augusto.* Traducción de Clayton M. Hall. https://web.archive.org/web/20070714144802/http://www.csun.edu/~hcfll004/nicolaus.html.

O'Connell, Robert L. *The Ghosts of Cannae: Hannibal and the Darkest Hour of the Roman Republic.* New York: Random House, 2011.

Osgood, Josiah. "The Pen and the Sword: Writing and Conquest in Caesar's Gaul". *Classical Antiquity* 28, no. 2 (2009): 328–58. https://doi.org/10.1525/ca.2009.28.2.328.

Ovidio. *El arte de amar (Ars Amatoria).* Traducción de A. S. Kline. Poetry in Translation. https://www.poetryintranslation.com/PITBR/Latin/ArtofLoveBkII.php.

Plutarco. *Caída de la República romana.* Londres: Penguin Classics, 25 de abril de 2006. Internet Archives: https://archive.org/stream/FallOfTheRomanRepublicPlutarch.rOpts/Fall%20OfTheRomanRepublic%20Plutarch.r-opts_djvu.txt.

Plutarch. The Parallel Lives. Loeb Classical Library edition, 1914. https://penelope.uchicago.edu/Thayer/e/roman/texts/plutarch/lives/home.html

Polybius. *The Histories.* http://penelope.uchicago.edu/Thayer/E/Roman/Texts/Polybius/home.html.

Price, Sara. "The Roman Republic in Montesquieu and Rousseau". *Western Political Science Association* 2011 Annual Meeting Paper. https://ssrn.com/abstract=1766947.

Sheridan, Paul. "The Sacred Chickens of Rome". *Anecdotes from Antiquity.* November 8th, 2015. http://www.anecdotesfromantiquity.net/the-sacred-chickens-of-rome/.

Storey, Glenn R. "Regionaries-Type Insulae 2: Architectural/Residential Units at Rome". *American Journal of Archaeology* 106, no. 3 (2002): 411–34.

https://doi.org/10.2307/4126281.

Virgil. *The Aeneid Book IV.* Translated by A. S. Kline. Poetry in Translation, 2002. https://www.poetryintranslation.com/PITBR/Latin/VirgilAeneidIV.php.

www.ingramcontent.com/pod-product-compliance
Lightning Source LLC
La Vergne TN
LVHW051745080426
835511LV00018B/3227